Abenteuer & Wissen

Maja Nielsen

James Cook

>>> Die Suche nach dem Paradies

Fachliche Beratung: Dr. Gundolf Krüger,
Matthias Claudius Hofmann und Ross Mattson

GERSTENBERG

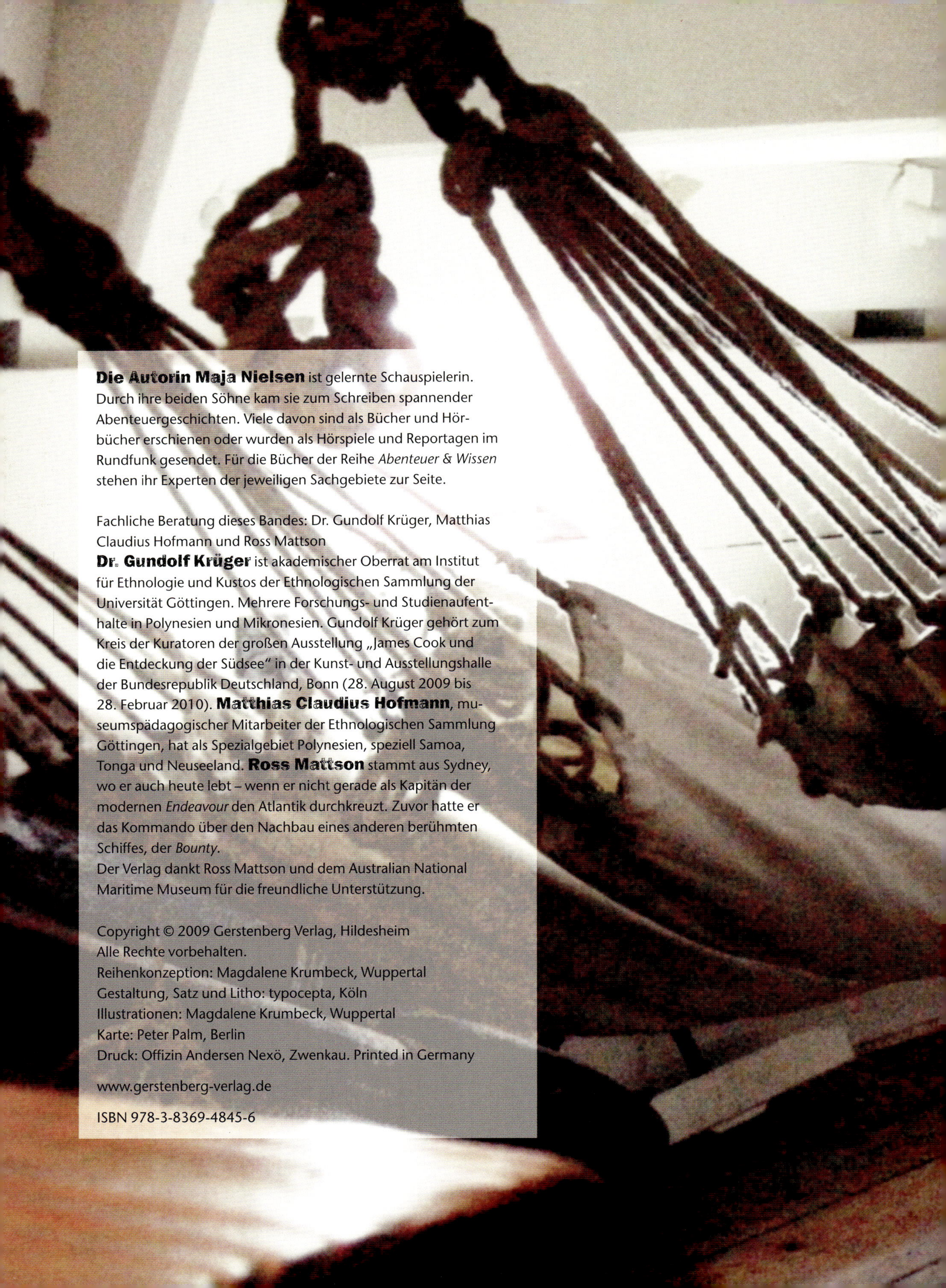

Die Autorin Maja Nielsen ist gelernte Schauspielerin. Durch ihre beiden Söhne kam sie zum Schreiben spannender Abenteuergeschichten. Viele davon sind als Bücher und Hörbücher erschienen oder wurden als Hörspiele und Reportagen im Rundfunk gesendet. Für die Bücher der Reihe *Abenteuer & Wissen* stehen ihr Experten der jeweiligen Sachgebiete zur Seite.

Fachliche Beratung dieses Bandes: Dr. Gundolf Krüger, Matthias Claudius Hofmann und Ross Mattson
Dr. Gundolf Krüger ist akademischer Oberrat am Institut für Ethnologie und Kustos der Ethnologischen Sammlung der Universität Göttingen. Mehrere Forschungs- und Studienaufenthalte in Polynesien und Mikronesien. Gundolf Krüger gehört zum Kreis der Kuratoren der großen Ausstellung „James Cook und die Entdeckung der Südsee" in der Kunst- und Ausstellungshalle der Bundesrepublik Deutschland, Bonn (28. August 2009 bis 28. Februar 2010). **Matthias Claudius Hofmann**, museumspädagogischer Mitarbeiter der Ethnologischen Sammlung Göttingen, hat als Spezialgebiet Polynesien, speziell Samoa, Tonga und Neuseeland. **Ross Mattson** stammt aus Sydney, wo er auch heute lebt – wenn er nicht gerade als Kapitän der modernen *Endeavour* den Atlantik durchkreuzt. Zuvor hatte er das Kommando über den Nachbau eines anderen berühmten Schiffes, der *Bounty*.
Der Verlag dankt Ross Mattson und dem Australian National Maritime Museum für die freundliche Unterstützung.

Reihenkonzeption: Magdalene Krumbeck, Wuppertal
Gestaltung, Satz und Litho: typocepta, Köln
Illustrationen: Magdalene Krumbeck, Wuppertal
Karte: Peter Palm, Berlin
Druck: Offizin Andersen Nexö, Zwenkau. Printed in Germany

www.gerstenberg-verlag.de

ISBN 978-3-8369-4845-6

Inhalt

Die Suche nach dem Paradies

>>> **Mitte des 18. Jahrhunderts** scheint die ganze Welt entdeckt: Europäische Seefahrer wie Christoph Kolumbus, der Entdecker Amerikas, oder Magellan, dessen Schiffe von 1519 bis 1522 als Erste den gesamten Globus umrunden, haben von ihren Entdeckungsfahrten neben wertvollen Schätzen auch viele nützliche Informationen über die Gestalt der Erde mit nach Hause gebracht. Stets auf der Suche nach neuen Handelsrouten segeln englische, holländische, spanische und portugiesische Schiffe auf allen sieben Weltmeeren bis in die entlegensten Regionen der Erde.

Die europäischen Seefahrernationen glauben, dass das Bild der Erde nun nahezu vollständig sei. Nur noch eine letzte große Entdeckung sei zu machen: ein sonniges Paradies tief im Süden, reich an Goldvorkommen und so fruchtbar, dass hier sechserlei Bananensorten gedeihen sollen. Dieser sagenhafte Kontinent spannt sich – so zeigen es alte Karten der Römer und Griechen – einmal um den gesamten Globus.

Lange Zeit wird vergebens nach dem entlegenen Paradies gesucht. Schließlich schickt der englische König Georg III. James Cook, den besten Navigator seines Landes, aus, um den Südkontinent zu finden und für England in Besitz nehmen.

Im Jahre 1768 bricht James Cook von der Hafenstadt Plymouth in den weit entfernten Pazifik auf. Auf der langen Fahrt segelt er kreuz und quer durch die Südsee und hilft, die Seekarten von Feuerland bis Australien neu zu zeichnen. Doch gelingt es ihm auch, das sagenhafte Südland zu finden?

Wie gefährlich und hart, aber auch aufregend das Leben der Matrosen war, die mit Cook auf Entdeckungsfahrt gingen, kann man heute selbst erfahren. In Australien wurde die legendäre *Endeavour*, mit der James Cook Australien erreichte, mit viel Liebe zum Detail nachgebaut. Mit dem heutigen Kapitän der *Endeavour*, dem Australier Ross Mattson, begeben wir uns in diesem Buch auf die Spur von James Cook. Und wir ahnen, was es nach vielen Wochen auf hoher See bedeutet, wenn der Ausguck im Krähennest endlich „Land in Sicht!“ ruft.

Es war mein Ehrgeiz, nicht nur weiter zu kommen als jemals ein Mensch zuvor, sondern so weit zu gehen, wie es einem Menschen überhaupt möglich ist. Niemand wird sich jemals weiter vorwagen, denn ich es getan habe.

James Cook

1 d

Das Ende

>>> **16. Februar 1779,** Polynesien, Westküste der Südseeinsel Hawaii. Es ist kurz nach Einbruch der Dunkelheit. Die *Resolution*, ein Schiff der königlich-englischen Marine, ein behäbiger Dreimaster mit enormem Lagerraum, liegt neben ihrem Schwesternschiff, der *Discovery*, in der Bucht von Kealakekua vor Anker. Charles Clerke, Kommandant des Schiffes, steht an Deck und lauscht angestrengt. Gleitet da nicht ein Kanu durch die Nacht? Ein leichtes Plätschern an der Bordwand verrät ihm, dass sie gleich Besuch erhalten werden.

„Wer da? Zeig dich!“, ruft Clerke ins Dunkel.

Ein Kahuna – ein Priester dieses unbegreiflichen Südseevolkes – bittet, an Bord kommen zu dürfen. In der Hand hält er einen feder-

Alle unsere Hoffnungen waren auf ihn gerichtet. Unser Verlust ist nicht wieder gutzumachen.

George Gilbert, Matrose unter Cook

Die *Resolution*, Cooks Flaggschiff, in der Bucht von Kealakekua. Auf der dritten Reise ist das Schiff schon zu Beginn der Fahrt in einem miserablen Zustand.

Unten: Die Menschen der Insel Hawaii halten James Cook für einen Gott. Doch dann verletzt er aus Unwissenheit heilige Tabus und bringt die Menschen Hawaiis damit gegen sich auf.

verzierten Zauberstab. Unter dem Arm trägt er ein fleckiges Bündel. Ein süßlicher Geruch kriecht mit dem Mann an Bord. Der Kahuna öffnet mit leisem Singsang das mitgebrachte Bündel. Ein Stück von einem Oberschenkel, sechs bis acht Pfund schwer, gänzlich vom Knochen abgelöst, kommt zum Vorschein. Clerke unterdrückt den Drang, sich zu übergeben.

„Wo ist der Knochen?“, fragt Clerke Leutnant King, einen der Offiziere. King ist dafür bekannt, dass er sich von allen Männern an Bord am besten mit den Gepflogenheiten der Hawaiianer auskennt. Er hat sich in eines der Inselmädchen verliebt und geht in den Hütten der Einheimischen ein und aus. Clerke packt den Offizier erregt am Arm. „Verdammt, King, was haben die mit den Knochen gemacht?“

„Zerteilt und unter den Häuptlingen aufgeteilt, glaube ich. Das soll göttliche Kraft verleihen. Ein Teil wird auch verbrannt“, erhält er als Antwort.

Clerke ringt um Fassung. Noch mag er nicht glauben, dass dies die Überreste von Kapitän James Cook sind, einem der größten Entdecker, die die Welt gesehen hat, noch bis vor zwei Tagen sein Kommandant. Drei große Entdeckungsreisen hat Clerke mit Cook unternommen. 200 000 gemeinsam zurückgelegte Seemeilen – so weit wie von der Erde bis zum Mond – sind sie über die Weltmeere gefahren, meist durch unbekannte Gewässer. Vom Eismeer am Südpol bis zu den eisigen Gewässern des Nordpols, von Feuerland bis nach Australien, von der Nordwestküste Amerikas bis nach Sibirien. Cook gab nie auf. Er verfolgte stets unbeirrt das Ziel, das er sich gesteckt hatte. Von seinen Reisen in den Südpazifik brachte er als Erster Karten mit, die zeigten, wie die Welt jenseits des südlichen Wendekreises wirklich war.

Er verbesserte die Navigation seiner Zeit, erprobte auf seinen Fahrten neue Messinstrumente und machte die Seefahrt dadurch um ein Vielfaches sicherer. Die Botaniker an Bord seiner Schiffe sammelten so viele neue Pflanzen, dass sich die Anzahl der bekannten Arten um ein Viertel erhöhte. Und durch sein entschlossenes Handeln beim Kampf gegen die Krankheit Skorbut rettete er Tausenden von Seeleuten das Leben. Cook hat mehr für die Seefahrt getan als je ein Mensch vor ihm. Und dieser Klumpen da soll wirklich alles sein, was von ihm übriggeblieben ist?

Clerke reißt sich zusammen. Er muss tun, was zu tun ist. Zumindest wollen sie ihren Kapitän so würdig wie möglich bestatten.

Polynesien

Das Wort kommt aus dem Griechischen und bedeutet „viele Inseln“. Damit ist jene große Region des Pazifiks gemeint, die man sich als ein Dreieck vorstellen kann, welches von Hawaii im Norden bis nach Neuseeland im Südwesten und zur Oster-Insel im Osten reicht. Die meisten polynesischen Inseln sind sehr fruchtbar. Sie wurden von den Vorfahren der Polynesier, die exzellente Seefahrer waren, von Südostasien aus besiedelt.

Karten zur Zeit Kapitän Cooks

Dass die Kartografen vor 250 Jahren noch sehr ungenaue Karten anfertigten, hatte folgende Gründe:

- Die Entdecker von Neuland hatten keine präzisen Navigationsinstrumente und konnten nicht exakt angeben, wo ihre Entdeckungen lagen. Ein besonderes Problem war die Bestimmung der geografischen Länge.
- Seefahrernationen wie England, Spanien, Frankreich oder die Niederlande behandelten ihre Entdeckungen und ihre Seekarten als Geheimsache, da Wissen über den Verlauf von Küsten ein klarer Handelsvorteil war, der nur der eigenen Nation zugute kommen sollte.

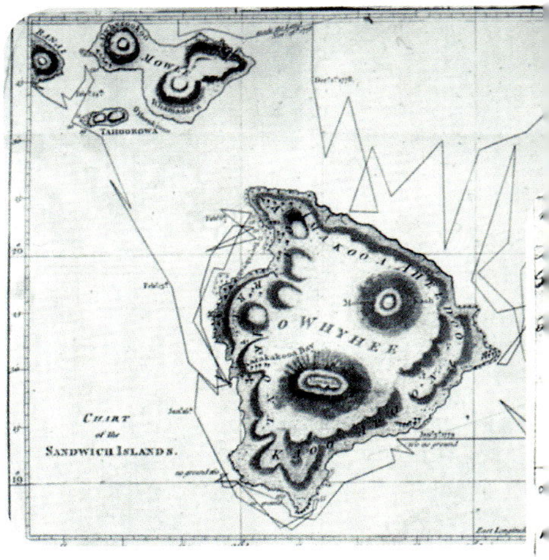

Cook ist ein so exzellenter Kartenzeichner, dass manche seiner Karten noch bis in unsere Tage verwendet wurden.

Clerke verlangt von dem schmächtigen Priester die übrigen Teile der Leiche. Hat er nicht gesagt, er könne ihm die sterblichen Überreste des Kommandanten bringen? Worauf wartet er dann noch?

Der Mann verspricht zu tun, was in seiner Macht steht. Er verschwindet wieder in der Dunkelheit. Der gräuliche Klumpen Fleisch bleibt zurück. Wenige Tage später erhalten die Engländer ein in einen Umhang aus schwarzen Vogelfedern gehülltes Päckchen. Es enthält einen Skalp mit kurz geschnittenen Haaren, sogar die Ohren hängen noch daran, außerdem zwei abgeschlagene Hände und weitere menschliche Überreste. Clerke macht an der rechten Hand eine hässliche Narbe aus. Vor 15 Jahren war ein Pulverhorn in Kapitän Cooks rechter Hand explodiert. Jetzt ist kein Zweifel mehr möglich. Das sind Cooks Hände. Clerke lässt die Flaggen der beiden Schiffe auf Halbmast setzen. Was sie von Cook haben, legen sie in einen Sarg. Den lassen sie ins Meer hinab.

Zehn Kanonenschüsse lässt Clerke während der Bestattung zum letzten Salut für Kapitän James Cook abfeuern. Die Schiffsglocken der beiden Schiffe, die Cook in diese Bucht geführt hat, läuten. Viele Matrosen haben Tränen in den Augen, manche schluchzen hemmungslos. Cook war einer, auf dessen Wort man sich verlassen konnte. Er war ein guter Kommandant, einer, dem seine Männer am Herzen lagen.

Der Sarg versinkt in der Tiefe. Ein paar Luftblasen kreiseln noch über der Stelle, an der Cook sein nasses Grab gefunden hat. Dann verschwinden auch sie.

Clerke zieht sich in die Kapitänskajüte zurück. Er muss jetzt allein sein. Dieser Mann war für ihn wie ein Vater. Nun muss er in Cooks Fußstapfen treten und die Schiffe zurück nach Hause bringen. Mit Gottes Hilfe wird er es schaffen. Cook hat ihm alles beigebracht, was ein guter Navigator wissen muss.

Sorgenvoll blättert Clerke in Cooks mit ordentlicher, schnörkelloser Schrift verfassten Aufzeichnungen. Eine Menge Papier ist zusammengekommen. Er erinnert sich an alles, was sie gemeinsam erlebt haben, versetzt sich zurück zu ihrer ersten gemeinsamen Reise. Die Kerze brennt immer tiefer herunter, doch Clerke merkt es nicht.

Er ist in Gedanken wieder an Bord der *Endeavour*. Die Hafenstadt Plymouth, nebelig grau und trüb, taucht vor seinem geistigen Auge auf. Er ist wieder der einfache Kadett, der er damals war. Er ist dabei, als James Cook im Alter von 39 Jahren aufbricht, um den letzten unbekannten Kontinent der Erde zu finden, von dem schon in den Schriften der alten Römer und Griechen die Rede ist. Auf alle an Bord hat Cook damals seinen unbeugsamen Willen übertragen, nicht aufzugeben, bevor das Ziel erreicht ist. Welche Gefahren sich auch immer vor ihnen auftun würden, sie würden nicht zurückweichen. Cook war ein tapferer Mann. Und einer der größten Seefahrer, die je die Meere befuhren.

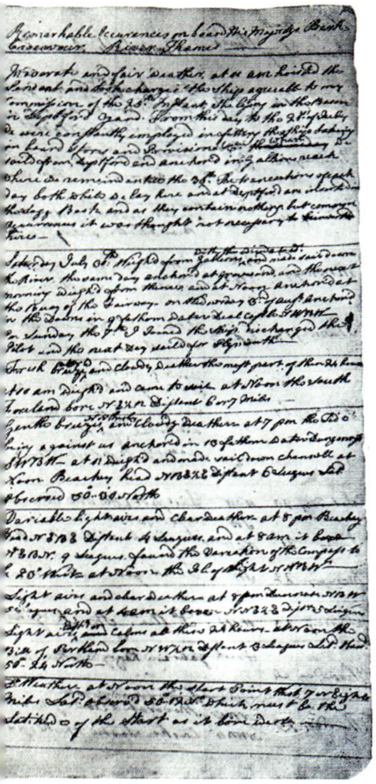
Remarkable Occurrences on board His Majesty's Bark Endeavour, River Thames

Cook notiert in seinem sorgfältig geführten Schiffsjournal Wetter, Position und besondere Vorkommnisse. Sein Stil: sachlich, präzise, unaufgeregt, wenig persönlich

Die sterblichen Überreste Kapitän Cooks habe ich mit allen Ehren und Würden, welche wir in diesem Teil der Welt irgend erweisen konnten, der Tiefe überantwortet.

Charles Clerke

2

In geheimer Mission

>>> In alten Schriften heißt es, dass es weit im Süden der Erde einen Kontinent gebe, ein warmes, reiches Land, in dem immer Sommer herrsche. Mehr Menschen, als man zählen könne, sollen dort leben. Sie kennen keinen Hunger, keine Not – das fruchtbare Südland ernähre sie alle. Mit anderen Worten: *Terra australis incognita,* das unbekannte Land im Süden, ist das Paradies auf Erden. Man muss es nur finden.

Die Geografen und Kartenzeichner der Antike beschreiben ganz genau, wo man nach diesem Land suchen muss: gegenüber dem Sternbild des Großen Bären. Der riesige Kontinent erstreckt sich angeblich bis hin zum südlichsten Punkt der Erde. Im 14. Jahrhundert stoßen die Gelehrten wieder auf die alten Schriften, die lange vergessen waren. Auch sie glauben an die Existenz des Südlandes, und zwar aus folgendem Grund: Auf der südlichen Halbkugel müsse es diesen Kontinent als Gegengewicht zu den Landmassen im Norden geben, sonst würde die Erde bei ihrer Drehung um die eigene Achse das Gleichgewicht verlieren. Und obwohl kein Seefahrer

Terra australis incognita

Der legendäre Kontinent im Süden der Erdkugel wurde zuerst von dem griechischen Kartografen Claudius Ptolemäus (100–160) beschrieben. Dieser Kontinent war seiner Vorstellung nach mit Afrika verbunden und erstreckte sich südlich des 50. Breitengrades rund um den Globus bis zum Südpol. *Terra australis incognita* hat mit dem Kontinent Australien nichts zu tun, da dieser viel zu weit nördlich der Breiten liegt, in denen man den Südkontinent vermutete.

Im Süden liegend, rot umrandet: *Terra australis incognita.* Angeblich leben hier 50 Millionen Menschen. Die Küstenlinie, so dachte man, sei 8566 Kilometer lang.

Unter der 60 Jahre dauernden Herrschaft Georgs III. steigt Großbritannien zur Weltmacht auf. Er fördert die Naturwissenschaften und betätigt sich als Hobbyastronom. Am Ende seines Lebens wird er wahnsinnig.

Alldieweil gewisse Gründe zu der Annahme berechtigen, ein Kontinent sei im Süden zu finden, dessenthalben belieben es Seiner Majestät, Euch zu ersuchen, alsbald mit dem Euch unterstehenden Schiff in See zu stechen.

Befehl Seiner Majestät Georg III. an Cook

das Paradies je sichten konnte, bezweifelt niemand, dass es dieses sagenhafte Land irgendwo gibt, irgendwo geben muss.

Ein geheimes Wettrennen zwischen den Seefahrernationen England, Frankreich, Spanien und Holland um die Entdeckung des sagenhaften Kontinents ist längst im Gange, als der englische König Georg III. beschließt, durch Entsendung eines Forschungsschiffes alles daranzusetzen, den Südkontinent zu finden und in Besitz zu nehmen. Unermesslichen Reichtum verspricht sich der König von der Entdeckung: Seidenstoffe, Gewürze, Tee, Gold. Der Handel wird blühen wie nie zuvor! Georg III. wird der reichste und mächtigste König der Erde sein, wenn eines seiner Schiffe zuerst das sagenhafte Südland erreicht.

Der größte Teil der Erde ist längst unter den europäischen Seefahrernationen aufgeteilt. Die Spanier haben Kolonien in Nord- und Südamerika, die Holländer häufen in Ostindien wahre Reichtümer an, die Portugiesen haben überall auf der Welt Stützpunkte errichtet und sind vor allem mit dem Sklavenhandel in Afrika reich geworden, die Franzosen beanspruchen Land in Nordamerika und Kanada, um das sie mit den Engländern erbittert kämpfen. In der bekannten Welt neue Kolonien zu gründen ist ein mühsames Geschäft geworden und wirft kaum Gewinne ab. Doch die Entdeckung des Südkontinents verspricht noch einmal reichen Lohn!

Die Mission Südkontinent unterliegt strikter Geheimhaltung. Frankreich, Holland, Portugal oder Spanien dürfen keinen Wind von der Sache bekommen. Sonst kommen sie den Engländern womöglich zuvor.

Die königliche Marine rüstet ein Schiff aus: die *Endeavour* – zu Deutsch „Bestreben" –, einen umgebauten Kohletransporter. Ungeheuere Mengen an Vorräten passen in den dickbauchigen Dreimaster. 32 Meter lang, 8 Meter 92 breit, wenig Tiefgang: Die Mannschaft wäre in der Lage, die *Endeavour* notfalls an Land zu ziehen, sollten an einer fremden Küste Reparaturen nötig werden.

Die Suche nach dem Südland

1519–1522 Der Portugiese Fernando Magellan hält Feuerland für die nördlichen Ausläufer von *Terra australis incognita.*

1567 und 1592 Der Spanier Alvaro de Mendana sucht auf zwei langen Irrfahrten von Peru aus vergeblich nach dem Südkontinent.

1605 macht sich der Spanier Pedro Fernandes Quiros auf die Suche. Er hält die Inselgruppe der Neuen Hebriden für den gesuchten Kontinent.

1606 Der Holländer Willem Janszoon sucht den Südkontinent und findet Australien.

1642 Auf der Suche nach dem Südkontinent entdeckt der Niederländer Abel Tasman Neuseeland.

1738 Der Franzose Charles Bouvet macht sich auf die Suche.

1766–1769 Der Franzose Louis Antoine de Bougainville begibt sich in die Südsee, erstmals begleitet von einem Wissenschaftsteam. Das Südland bleibt weiterhin ein Traum.

1767 Der Engländer Samuel Wallis entdeckt auf seiner Suche Tahiti.

Die Admiralität bestimmt einen ihrer fähigsten Männer als Kommandant für die geheime Mission. Einen exzellenten Navigator und genialen Kartenzeichner. Sein Name: James Cook.

James Cook kommt aus einfachsten Verhältnissen. Der Sohn eines armen Landarbeiters wird am 27. Oktober 1728 unweit des kleinen Hafenstädtchens Staithes im Nordosten Englands in einer Lehmhütte geboren. Von seinen sieben Geschwistern sterben vier noch im Kindesalter. Die auffallendste Eigenschaft des jungen James ist sein ungeheurer Wissensdurst. Schon als Knirps von sechs Jahren strebt er danach, Wissen zu erlangen. Seine Eltern, die selbst kaum Lesen und Schreiben können, sind ihm da keine große Hilfe. Die wohlhabende Pächterfrau Mrs Walker bringt dem intelligenten Jungen schließlich Lesen und Schreiben bei. Dafür hütet er bei ihr das Vieh und erledigt kleine Besorgungen. Später zahlt ihm der Bauer, für den

Der wissbegierige Cook bringt sich Nautik, Geografie, Kartografie und Astronomie selbst bei. Er geht nur drei bis vier Jahre zur Schule.

Rechts: Der Küstenort Staithes. In dem lebhaften Hafenstädtchen macht Cook eine Lehre als Gemischtwarenhändler.

Oben: Das Wohnhaus von Cooks Eltern wurde nach Australien versetzt.

sein Vater arbeitet, das Schulgeld für die Dorfschule. Dafür muss er dessen Ställe sauber halten und auf dem Feld helfen. Nichts fällt James Cook je in den Schoß. Er muss sich alles schwer erarbeiten. Mit seinen Klassenkameraden verbindet ihn wenig. James geht seiner eigenen Wege, ist schon in jungen Jahren zielstrebig und nachdenklich. Blödsinn machen, Zeit vertrödeln, mit den anderen Kindern spielen – dazu hat er keine Lust. Seine kostbare freie Zeit verbringt er mit Lesen. Mit 17 Jahren macht er in einem Krämerladen in Staithes eine Lehre. Doch schon nach eineinhalb Jahren macht er mit dem Krämerdasein Schluss. Er will keine Heringe mehr abwiegen, keine Marmelade verkaufen – ihn zieht es hinaus aufs Meer. Cook heuert bei einem Reeder in Whitby an, der auf seinen Schiffen Kohle transportiert, und geht 1747 als Schiffsjunge an Bord der *Freelove*. Wenn das Schiff im Hafen liegt, wohnt Cook bei seinem Reeder in einem Kämmerchen unter dem Dach. Während die anderen Lehrjungen Karten spielen oder sich in den Schenken vergnügen, bringt Cook sich in einsamen Nächten beim Licht der Lampe alles bei, was man über Navigation lernen kann. Der Reeder erkennt seinen Ehrgeiz und seine Fähigkeiten und befördert ihn rasch. Bald wird er Steuermann, dann soll er

Kapitän werden. Aber Cook lehnt das fantastische Angebot ab und tritt stattdessen in die Königliche Marine ein. Er will in seinem Leben mehr sehen als nur die Nordsee! So fängt er wieder von vorn an, als Matrose, und kämpft für sein Land im Siebenjährigen Krieg gegen die Franzosen. Auf der mit 64 Kanonen ausgestatteten *Pembroke* segelt er nach Kanada, wo England und Frankreich wegen der Kolonien in der Neuen Welt im Zwist liegen. Selbst im Krieg nutzt er jede Gelegenheit, um zu lernen. Er vervollkommnet seine mathematischen und astronomischen Kenntnisse, lernt Küsten zu vermessen und Karten zu zeichnen. Mit seiner enormen Genauigkeit und seinem ungeheuren Fleiß setzt er neue Maßstäbe. Er ist beim Kartenzeichnen erst zufrieden, wenn alles haarklein stimmt, wenn man beim besten Willen nichts mehr verbessern kann. Seine Karten vom Sankt-Lorenz-Strom und von der Insel Neufundland sind so hervorragend, dass seine Vorgesetzten die Admiralität auf Cooks außergewöhnliche Fähigkeit und Begabung aufmerksam machen. So wird er nach dem Krieg sofort wieder nach Neufundland entsandt, um weitere Karten der Küste zu zeichnen. Keiner hat einen solch sicheren Spürsinn für den Verlauf von Küsten wie der junge Cook. Es ist unglaublich!

Damit ist Cook genau der richtige Mann, um für seinen König das Südland zu entdecken. Und obwohl es in der Admiralität erbitterten Widerstand gegen seine Ernennung gibt – der Sohn eines einfachen Landarbeiters als Kommandant eines Schiffes Seiner Majestät? Unerhört! –, bekommt Cook den Auftrag.

Die Mission Südkontinent wird gut getarnt. Offiziell erhält Cook den Auftrag, in die Südsee nach Tahiti zu segeln, dort ein Jahrhundertereignis am Himmel zu beobachten und dazu astronomische Messungen durchzuführen. Der Planet Venus wird am 3. Juni 1769 zwischen Erde und Sonne hindurchwandern.

Aus diesen Messungen auf Tahiti könnte man recht genau die Entfernung der Erde zur Sonne berechnen.

Venuspassage

- Wenn die Venus vor der Sonne vorbeizieht, erscheint der Planet als schwarzer Punkt auf der Sonne. Der Durchgang dauert mehrere Stunden.
- Bei der weltweiten Beobachtung des Himmelsereignisses im Jahr 1769 wurde von einer Vielzahl räumlich weit entfernter Messstellen sekundengenau der Moment notiert, in dem die Venus den Sonnenrand berührte. Die Messergebnisse wichen je nach Standort Sekunden oder Minuten voneinander ab. Aus der zeitlichen Verschiebung ließ sich der jeweilige Winkel zwischen dem Beobachter und der Sonne berechnen. Kannte man die Winkel, war es möglich, die Entfernung der Erde zur Sonne auszurechnen.
- In unserem Jahrhundert findet die Venuspassage gleich zwei Mal statt: am 9. Juni 2004 und am 6. Juni 2012. Danach wird es wieder 100 Jahre dauern, bis sich das Himmelsereignis wiederholt.

Ging unter Segel und auf See mit 94 Personen an Bord. Verpflegung für 18 Monate.

James Cook, erste Eintragung im Logbuch, 26. August 1768

Die *Endeavour* würde von der Länge und Breite her auf zwei hintereinanderliegende Tennisplätze passen. Sie schaffte etwa 7,5 bis 9,5 Kilometer in der Stunde – nicht mehr als das Tempo eines trainierten Joggers.

Kein Mensch ahnt, dass hinter der ehrbaren Forschungsaufgabe etwas ganz anderes steckt. Selbst Cook wird nicht gänzlich in das wahre Ziel der Reise eingeweiht. Erst nachdem er die Passage der Venus beobachtet hat, darf er die versiegelten Anweisungen der Admiralität lesen, die ihm übergeben worden sind. Er erhält zunächst lediglich die Weisung, auf der Fahrt nach Tahiti die Augen nach dem Südkontinent offen zu halten.

Bevor Cook zu seiner ersten Reise aufbricht, wird er zum Ersten Leutnant ernannt. Endlich ein Offiziersrang! Ein Landarbeitersohn, der es zum Offizier der Königlichen Marine bringt, womöglich bald noch zum Kapitän – davon hat die Welt noch nicht gehört. Ein unglaublicher Sprung! Normalerweise kommen Offiziere bei der Marine aus der wohlhabenden Oberschicht.

Am 26. August 1768 lässt Cook im Hafen von Plymouth die Anker lichten. Der Wind fährt knatternd in die Segel. Die *Endeavour* macht sich auf den weiten Weg ins Unbekannte.

3

Die Fahrt der *Endeavour*

Die Mannschaft der *Endeavour* besteht nicht nur aus Seeleuten, sondern auch aus Marinesoldaten. Die Soldaten sind zum Schutz des Schiffes an Bord. Wenn sie den Südkontinent entdecken, werden sie dabei helfen, günstige Siedlungsgebiete für die englische Krone in Besitz zu nehmen – falls die „Eingeborenen“ damit einverstanden sind. So lautet Cooks Instruktion.

Neben den Seeleuten und den Soldaten gehören auch eine Reihe Wissenschaftler zur Besatzung des Schiffes. Als diese kurz vor der Abfahrt mit ihrem Gefolge an Bord kommen, fallen den Matrosen fast die Augen aus dem Kopf. Es sind Herren der besseren Gesellschaft, echte Gentlemen, deren Diener ihr umfangreiches Gepäck in den engen Kajüten verstauen: Bücher, merkwürdige Gerätschaften und zahllose Behälter für Pflanzen und Tiere, die sie während der Reise sammeln wollen. „Das sind die größten Gelehrten Englands!“, erzählt man den staunenden Matrosen. „Sie werden neue Erkenntnisse über die Welt und die Natur nach Hause bringen.“ Zwei Biologen, ein Astronom und zwei Künstler, die Zeichnungen von allem Unbekannten anfertigen sollen. Außerdem Helfer, die den Naturwissenschaftlern beim Sammeln und Konservieren der Pflanzen und Tierproben zur Hand gehen.

Nautischer Almanach

Der Astronom Charles Green berechnete den Längengrad mithilfe von Tafeln, in denen die Entfernung vom Zentrum des Mondes bis zur Sonne und zu neun bestimmten hellen Sternen verzeichnet waren. Für eine genaue Berechnung der Entfernung der *Endeavour* zum Mond brauchte man genau gehende Messinstrumente. Dennoch konnte man sich bei der Berechnung um einen halben Längengrad vertun.

Die Insel Madeira liegt 1000 Kilometer südwestlich von Lissabon im Atlantischen Ozean. Hier stockt Cook erstmals seine Vorräte auf.

Besonders bemerkenswert ist der etwas eigenwillige, immer zu Späßen aufgelegte Joseph Banks, der mit zwei dunkelhäutigen Leibdienern und zwei Hunden, einem Spaniel und einem Windhund, an Bord kommt. Sollte der Südkontinent tatsächlich gefunden werden, möchte Banks dort keineswegs auf das Vergnügen der Jagd verzichten.

Ein ganzes Vermögen hat der reiche Erbe der Admiralität geboten, um auf der Reise dabei zu sein. Der leidenschaftliche Botaniker brennt darauf, die Tier- und Pflanzenwelt fremder Welten zu erforschen.

Von England aus segelt die *Endeavour* an Spanien vorbei und wendet sich dann westwärts, um den Atlantik zu überqueren. Cook nutzt die Zeit wieder einmal, um zu lernen. Mit dem Astronomen Charles Green, der die Fahrt als Experte auf den Gebieten der Sternenkunde und der Navigation begleitet, vertieft er sich in neuartige Tabellen, mit deren Hilfe man die Entfernung des Schiffes zum Mond berechnen kann. Diese Monddistanz zu kennen ist notwendig, um die geografische Länge zu bestimmen.

Green ist ein hervorragender Astronom, wie Cook ein nimmermüder Perfektionist. Cook saugt alles, was Green ihm beibringen kann, wie ein Schwamm in sich auf. Außerdem widmet er der Gesundheit der Besatzung viel Aufmerksamkeit. Die schlimmste Geißel der Seefahrt ist zu Cooks Zeit Skorbut. Eine Krankheit, die bei langen Seefahrten durch Mangelernährung entsteht, durch den Mangel an frischer Nahrung, den Mangel an Vitamin C.

Erst schwillt das Zahnfleisch der Seeleute an, dann fallen die Zähne aus. Die Männer werden müde, können kaum noch arbeiten, haben Schmerzen in allen Gliedmaßen. In schweren Fällen sterben die armen Teufel sogar. Nicht selten gehen drei Viertel einer Schiffsmannschaft an dem gefürchteten Skorbut zugrunde. Die meisten Entdeckungsfahrten scheitern einzig und allein wegen dieser Krankheit. Das, beschließt Cook, wird ihm nicht passieren!

Auf Madeira werden zum ersten Mal die Vorräte aufgestockt. Cook erwirbt Zwiebeln und frisches Fleisch.

Die Matrosen sind an mieses Essen gewöhnt und einige weigern sich, etwas anderes als den wurmstichigen Schiffszwieback zu sich zu nehmen. Cook versucht es zunächst mit einem Trick: Was der

Kapitän isst, darauf ist auch die Mannschaft erpicht. Er geht mit gutem Beispiel voran, wenn bei den Mahlzeiten ansteht, Sauerkraut oder Zitronensaft gegen den Skorbut zu sich zu nehmen. Aber notfalls sorgt er auch mit Gewalt dafür, dass seine Männer Appetit auf frische Nahrungsmittel bekommen.

Anfang Januar 1769 kommt Feuerland in Sicht, der südlichste Teil des südamerikanischen Kontinents, das südlichste bis dahin bekannte Land der Erde. Düstere Bergketten, schwere, dunkle Wolken am Himmel, bittere Kälte – so empfängt Feuerland die fremden Seeleute. Es ist Sommer und dennoch liegt auf den Gipfeln Schnee. War es möglich, dass es noch weiter im Süden wieder wärmere Zonen gab? Dort, wo nach der Karte des Ptolemäus und anderer Kartografen der Antike der Südkontinent liegen soll?

Sie haben nun die Umschiffung des berüchtigten Kap Hoorn, der Einfahrt zum Pazifik, vor sich. Nur 33 Tage braucht Cook, um das Kap zu umfahren. Das letzte Schiff, das Kap Hoorn zu dieser Jahreszeit umrundete, brauchte drei Monate. Aber typisch für den bescheidenen, sachlichen Cook schreibt er die Rekordzeit nicht auf seine Fahnen, sondern alles dem guten Wetter zu.

Gewissenhaft vermisst er jeden Tag und bei jedem Wetter Meerestiefe und Küstenverlauf, berechnet Längen- und Breitengrade und nimmt eine präzise Beschreibung der Küstenlinie vor, womit er der Schifffahrt unschätzbare Dienste leistet.

Kap Hoorn, das sie im Nebel passieren, ist für lange Zeit die letzte Landsichtung. Um das Gebiet, in dem der Südkontinent liegt, einzugrenzen, steuert Cook zunächst auf südwestlichem Kurs,

Skorbut

Nur über einen Zeitraum von sechs Wochen kann der menschliche Körper Vitamin C speichern. Fehlt in seiner Nahrung dieses wichtige Vitamin, zeigt er schwere Mangelerscheinungen. Diese Krankheit nennt man Skorbut. Skorbut war als „Geißel der Seefahrt" gefürchtet; sie war die größte Gefahr bei den langen Entdeckungsfahrten. So verlor zum Beispiel der portugiesische Seefahrer Vasco da Gama (1469–1524) auf einer seiner Reisen etwa 100 von 160 Mann durch Skorbut. Noch im 18. Jahrhundert starben auf einer vier Jahre dauernden Reise unter der Führung von Georg Anson von 1900 Matrosen 1400. Eine Todesrate von 60 bis 75 Prozent gilt zu Cooks Zeit als normal. Auch an Land trat in früheren Zeiten Skorbut auf: in belagerten Festungen und während der langen Wintermonate, in denen es kein frisches Obst und Gemüse gab.

Vorräte an Bord

Die *Endeavour* hatte Proviant geladen, der während der Reise durch frische Lebensmittel ergänzt wurde: 20 Tonnen Schiffszwieback und Mehl, 1200 Gallonen Bier, 1600 Gallonen Schnaps, 4000 Stück gesalzenes Rind, 6000 Stück gepökeltes Schwein, 1500 Pfund Zucker, Talg, Rosinen, Hafergrütze, Weizen, Essig, Öl, Malz, 160 Pfund Senfsamen und 7800 Pfund Sauerkraut.

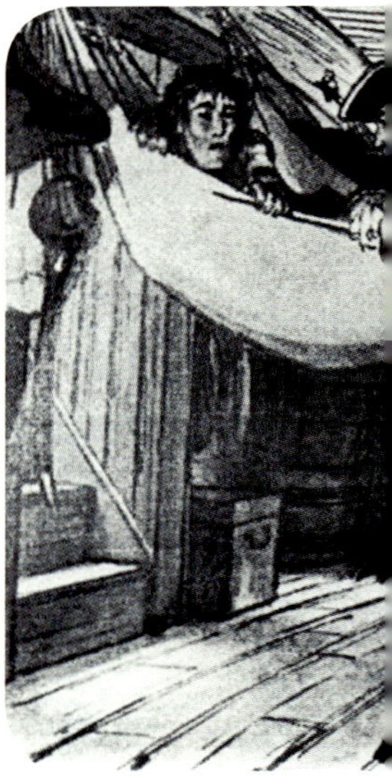

Oben: Cook versorgt seine Mannschaft mit frischen Früchten gegen den Skorbut. „Limey" – Zitronenfresser – wurde zum Spitznamen für englische Matrosen.

So glücklich traf es wohl kein Schiff zuvor in jenen Seen, welche man ihrer heftigen Stürme wegen fürchtet.

James Cook, Logbuch

Ganz oben: Eisiges Feuerland – der Weltumsegler Magellan sah nachts den Schein der Lagerfeuer der Ureinwohner. Daher nannte er die Inselgruppe im Süden Südamerikas Tierra del Fuego – „Land des Feuers".

nimmt also Kurs auf die kälteste Region unserer Erde, den Südpol, bis er den 60. Breitengrad erreicht. Das Wetter wird zunehmend ungemütlich. Eiskalter Wind, schwere See, Sturmböen mit Hagel und Regen. Wie ein Korken tanzt das schwerfällige Schiff auf den Wellen. Wahre Sturzbäche überfluten die Decks. So segelt die *Endeavour* gleich zu Beginn der Reise weiter nach Süden als je ein Schiff vor ihr.

Im Bereich des 60. Breitengrades wendet Cook sein Schiff wieder gen Norden Richtung Tahiti. Er darf nicht zu spät kommen, wenn die Venuspassage bevorsteht. Die Fahrt führt jetzt unter recht günstigen Windverhältnissen über den größten Ozean der Erde. 181 Millionen Quadratkilometer Wasser. Mehr als die Fläche aller Länder der Erde zusammengenommen. Keine Frage, in dieser Wasserwüste könnte sehr wohl ein weiterer Kontinent Platz haben. Cook wird ihn finden oder beweisen, dass es ihn nicht gibt. Ab sofort halten alle an Bord Ausschau nach Land. Aber da ist kein Land. Nirgendwo.

Zehn Wochen lang sehen die Männer nichts als Wasser. Fünf Matrosen gehörten zwei Jahre zuvor zur Besatzung der *Dolphin* und waren dabei, als Samuel Wallis 1767 die Südseeinsel Tahiti entdeckte. Während es wieder wärmer wird und die Besatzung die zäh vergehende Zeit dazu nutzt, die Beiboote zu überholen und die Segel und Taue auszubessern, erzählen sie ihren Kameraden von dem wolkenlosen Paradies, dem sie entgegensegeln.

Wenn die Menschen dort Hunger haben, berichten sie, dann pflücken sie sich einfach Früchte vom nächsten Baum oder gehen Angeln. Niemand leidet Mangel. Auf Tahiti leben die gastfreundlichsten Menschen der Welt. Ihre Wohnungen stehen Tag und Nacht offen. Wenn man ein Haus betritt, darf man sich nehmen, was einem gefällt. Alle Dinge gehören allen. Aber das Beste an Tahiti sind natürlich die Frauen. In die muss man sich einfach verlieben, so schön sind sie. Und so freundlich zu den fremden Matrosen!

Cook hört nicht auf das Geschwätz der Männer. Er ist damit beschäftigt, Beobachtungen zu machen und zu ergründen, ob in der Nähe Land sein könnte. Anfang März befindet sich die *Endeavour* 560 Meilen südlich von Chile. Den alten Karten zufolge fahren sie gerade durch den Ostteil des vermuteten Kontinents. Könnte es sein, dass der Südkontinent ausgerechnet hier eine Einbuchtung, einen riesigen Meerbusen, aufweist und sie allein deshalb kein Land sehen? Cook stellt fest, dass sie Tag für Tag tadellos ihren Kurs halten. Keine Strömung bringt sie von ihrem Weg ab. Und das kann nur bedeuten, wie der erfahrene Navigator weiß, dass weit und breit kein Land ist.

Am 11. April gegen 6 Uhr morgens erreicht die *Endeavor* schließlich Tahiti. Acht Monate sind sie nun unterwegs.

Fünf Männer haben bisher auf der Fahrt ihr Leben verloren, fast alle durch Unfälle. Die anderen sind gesund und munter. So wenig Tote hat es auf einer solch langen Reise in der ganzen Geschichte der Seefahrt noch nie gegeben. Cook scheint den Skorbut besiegt zu haben. Und wenn er auch sonst sehr zurückhaltend ist, darauf ist er stolz.

Sie gehen in der Matawai-Bucht im Norden der Insel vor Anker. Die Matrosen brechen in Jubelrufe aus, als sie nach so vielen Wochen wieder Land sehen: Bis hinauf zu den höchsten Gipfeln sind die Hügel der Insel mit Grün bedeckt. Und dann sind sie auch schon da, die überaus freundlichen Einwohner Tahitis. Mit Kanus nähern sie sich dem Boot. Die Leute kommen aufgeregt schnatternd an Bord, bieten den Matrosen leckere Früchte an. Die Männer sind begeistert. Die Frauen sind sogar noch schöner als angekündigt. Und – die rauen, ausgemergelten Seeleute können ihr Glück kaum

Ein Nasenflötenspieler auf Tahiti. Vom Nasenatem wurde angenommen, er sei mit der Seele verbunden und deswegen heilig.

Das Inselinnere Tahitis ist dicht mit tropischer Vegetation bewachsen. Das Landschaftsbild ist von steilen Gipfeln geprägt.

fassen – die exotischen Schönheiten sind ebenso entzückt von den weit gereisten Fremden!

Aus Banks Aufzeichnungen erfahren wir von üppigen Festmahlen, von Ringkämpfen und Bogenschießwettbewerben während des Aufenthaltes auf Tahiti. Wir lernen, dass die Musiker Tahitis auf Nasenflöten spielen und dass die Frauen sich mit einem Öl einreiben, das für europäische Nasen nur wenig besser riecht als Käsefüße und Achselschweiß. Banks genießt die Zeit in der Südsee wie die Mannschaft in vollen Zügen. Bald wirft er seine maßgefertigte

Cooks Regeln für den Umgang mit den Tahitianern

- Die Matrosen sollen Freundschaft mit den Tahitianern schließen.
- Lediglich durch Cook beauftragte Männer durften Lebensmittel einhandeln.
- Wer seine Waffe auf der Insel verliert, bekommt so lange weniger Heuer, bis sie ersetzt ist. Zusätzlich erhält er eine Strafe.
- Jeder Diebstahl wird bestraft.
- Eisen darf ausschließlich für das Handeln mit Lebensmitteln eingesetzt werden.

Point Venus auf Tahiti: Von diesem Punkt aus beobachtete James Cook bei 48 °C Hitze den Durchgang der Venus. Weltweit gab es 151 astronomische Expeditionen an 77 Orte.

> **Es kostet uns erhebliche Mühe, sie vom Schiff fernzuhalten, sintemalen sie in der Kletterkunst den Affen ebenbürtig sind. Doch es war noch schwerer, sie von dem Diebstahl aller Gegenstände abzuhalten, welche in ihre Reichweite kamen.**
>
> James Cook

englische Kleidung über Bord, trägt nur noch einen Lendenschurz und einen bunten Turban, schläft nachts in Kanus unter dem funkelnden Sternenhimmel und freut sich seines Lebens.

Cook beobachtet das bunte Treiben seiner Männer auf der Insel, nimmt aber nicht selbst daran teil. Nie würde es ihm einfallen, sich mit einer der Frauen einzulassen. Er ist hier, um seinem König zu dienen. Er verfasst Berichte über Land und Leute für die Admiralität.

Sofort nach seiner Ankunft beginnt Cook mit den Vorbereitungen für die Venuspassage. Er lässt ein Fort errichten, von dem aus das seltene Himmelsereignis beobachtet werden soll. Missbilligend stellt er fest, dass die Tahitianer lange Finger machen, und greift sofort hart durch.

Im nasskalten England, wo Cook aufgewachsen ist, bestimmen andere Regeln das Zusammenleben der Menschen als auf Tahiti. Wenn von dem Wenigen, was Cooks Familie besaß, etwas gestohlen wurde, dann bedeutete das, dass sie daheim alle Not leiden mussten. Was Not ist, das hat Cook nur zu gut am eigenen Leib erfahren. In der Südsee ist die Situation anders. Essen ist im Überfluss vorhanden. Meeresfrüchte, Obst, Fische kann jeder leicht erlangen. Ei-

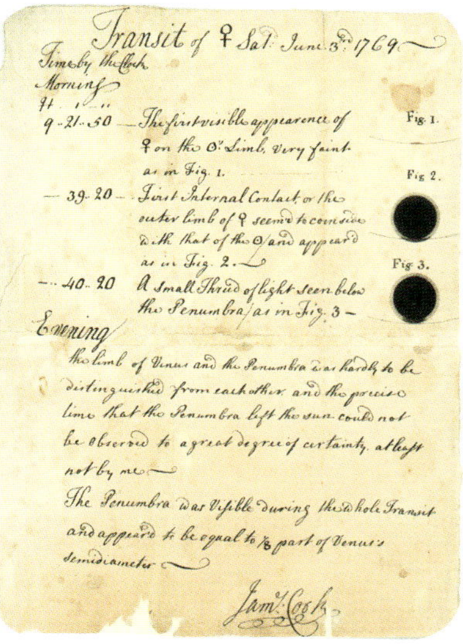
Transit of ♀ Sat: June 3rd 1769
Time by the Clock
Morning
H ' "
9 . 21 . 50 — The first visible appearence of ♀ on the ☉'s Limb, very faint as in Fig. 1.
— 39 . 20 — First Internal Contact, or the outer limb of ♀ seemed to coincide with that of the ☉ and appeared as in Fig. 2.
— . 40 . 20 A small Thread of light seen below the Penumbra as in Fig. 3 —
Fig. 1.
Fig. 2.
Fig 3.
Evening
the limb of Venus and the Penumbra was hardly to be distinguished from each other and the precise time that the Penumbra left the sun could not be observed to a great degree of certainty, at least not by me
The Penumbra was Visible during the whole Transit and appeared to be equal to 1/8 part of Venus's semidiameter
Jam.s Cook

James Cooks Beschreibung der etwa fünfeinhalb Stunden dauernden Venuspassage: „Während des ganzen Tages war keine Wolke zu sehen und die Luft war klar."

gentum spielt fürs Überleben keine große Rolle. Aber für Cook ist genau das der Punkt, bei dem er aufgrund der bitteren Erfahrungen in seiner Kindheit keinen Spaß versteht. Diese Diebstähle bringen den sonst so besonnenen Mann regelrecht aus der Fassung.

Als Anfang Mai die Messinstrumente ins eigens für die Himmelsbeobachtung errichtete Fort gebracht werden, ist plötzlich ein Präzisionsquadrant verschwunden. Gestohlen! Verdammt! Kapitän Cook reagiert darauf mit entschlossener Härte: Er beschlagnahmt alle großen Kanus, die sich in der Bucht befinden, und lässt die Häuptlinge gefesselt an Bord der *Endeavour* bringen. Sie bleiben so lange als Geiseln in Haft, bis der große Quadrant wieder da ist.

Die Sache geht glimpflich aus. Die Engländer erhalten ihr Messinstrument gerade noch rechtzeitig zurück. Am 3. Juni ist die Luft völlig klar, keine Wolke zeigt sich am Himmel. Der Durchgang der Venus kann von Cooks Astronomen Charles Green gut verfolgt werden.

Als die Erfassung der Messdaten erledigt ist, darf Cook endlich das Kuvert mit dem geheimen Auftrag der Admiralität öffnen, in dem die Anweisungen für die weitere Suche nach dem Südkontinent stehen. Entschlossen bricht er das königliche Siegel. Dann liest er die Worte: „Geheim. Im Namen des hohen Admirals …" Er überfliegt die Zeilen und macht sich den Auftrag klar:

Er soll zunächst nach Süden fahren, bis er den 40. Breitengrad erreicht, dann die *Endeavour* nach Westen führen, bis er entweder auf den vermuteten Kontinent trifft oder ein Land erreicht, das der niederländische Seefahrer Abel Tasman vor mehr als 125 Jahren entdeckte, auf das der Entdecker aber nie einen Fuß setzen konnte, weil die kriegerischen Ureinwohner ihn mit Waffengewalt vertrieben. Ein Land, das nach der Provinz Zeeland im Südwesten der Niederlande Neu Zeeland genannt wurde.

Nach Neuseeland also. Dann also Leinen los!

4

Neuseeland

Einige Tahitianer bitten Cook darum, auf die weitere Fahrt mitgenommen zu werden. Cook entschließt sich dazu, einem Priester namens Tupia diesen Wunsch zu gewähren. Der Mann scheint ein großes Wissen über das Gebiet zu haben, das vor ihnen liegt.

Tupia zeichnet für Cook eine Karte von Tahitis 74 Nachbarinseln. Insgesamt weiß er von 130 Inseln im Umkreis zu berichten. Cook tauft sie auf den Namen Gesellschaftsinseln, weil sie so dicht beieinanderliegen, dass sie einander Gesellschaft zu leisten scheinen. Aber Land, gar ein ganzer Kontinent? Davon weiß Tupia nichts. Dann braucht Cook hier keine weitere Zeit zu verschwenden. Er wendet die *Endeavour* westwärts.

Die Tahitianer begleiten das Schiff noch eine Zeit lang mit ihren Kanus, stecken den Matrosen kleine Abschiedsgeschenke zu, sie winken und johlen. Einige der Seeleute haben Tränen in den Augen. Am liebsten wären sie für immer auf Tahiti geblieben.

James Cook setzt 1769 als erster Europäer einen Fuß auf neuseeländischen Boden. Mehr als 100 Jahre zuvor fuhr der Entdecker Abel Tasman an Neuseelands Küste vorbei, ohne anzulanden.

2. September. Starker Sturm, heftige Böen mit Hagel und Regen. Gegen 4 Uhr nachmittags erreichten wir den 40. Breitengrad. Es gibt nicht die Spur eines sichtbaren Hinweises auf Land.

James Cook

Der Priester Tupia stirbt während Cooks erster Reise. Omai, ein junger Mann aus Tahiti, begleitet Cook auf der zweiten Reise und kehrt auf der *Adventure* als lebende Sensation nach London zurück.

Tahiti – ein Paradies?

Den Europäern erschien Tahiti als der Inbegriff des Paradieses. Die Bewohner lebten jedoch nicht gleichermaßen „paradiesisch". Es gab drei Gesellschaftsschichten, und nur die Schicht der Adligen, die die Herrschaft bildete und auch die Priester stellte, und die Schicht der Freien – dazu gehörten Grundbesitzer, Handwerker, Tätowierer und Künstler – lebten gut. Die große Gruppe der Hörigen lebte in Abhängigkeit und musste wie Leibeigene die Erträge ihrer Arbeit abgeben.

Doch daran ist nicht zu denken: Meuterei wird auf englischen Schiffen streng bestraft.

Südlich von Tahiti sollte laut den alten Karten die Nordküste des vermuteten Kontinents auftauchen. Aber da ist nichts. Die *Endeavour* legt mehr als 2550 Kilometer Strecke zurück und erreicht schließlich den 40. Breitengrad. Das Wetter verschlechtert sich. Und immer noch keine Spur von Land.

Cooks Auftrag ist es nun, zu klären, ob der vermutete Kontinent weiter im Westen liegt. So lautet der geheime Befehl der Admiralität. Das Schiff begibt sich auf westlichen Kurs, legt 2970 Kilometer Strecke entgegen der vorherrschenden Meeresströmung zurück. Häufiger kommt es zu blindem Alarm: Manchmal halten die Matrosen ein Wolkengebilde am Horizont für das Südland, nach dem sie nun bereits ein ganzes Jahr suchen, doch ein ums andere Mal stellen sich die Rufe „Land in Sicht!" als Irrtum heraus. Doch eines Tages tauchen Seegras und Treibholz auf, an dem Rankenfüßer kleben. Kein Zweifel ist möglich – in der Nähe muss irgendwo Land sein. Die Erregung erfasst alle.

Am 7. Oktober – zwölf Wochen nach ihrem Aufbruch von Tahiti – kommt tatsächlich Land in Sicht. Der zwölfjährige Matrose Nick Young, einer der Jüngsten an Bord, entdeckt es als Erster. „Land!", ruft er wie von Sinnen aus dem Krähennest. „Land!"

Endlich Land, jedoch nicht der Südkontinent, wie Cook bewusst ist. Sie steuern auf Neuseeland zu. Cooks Aufgabe wird sein, die Frage zu klären, ob Neuseeland die Westküste des vermuteten Südkontinents sein könnte. Drei Kilometer von der Küste entfernt geht die

Deserteure

Zwei Seeleute wollten lieber auf Tahiti bleiben, als mit Cook weiterzusegeln. Sie hatten sich unsterblich in zwei einheimische Frauen verliebt. Cook ist gezwungen, die beiden Deserteure an Bord des Schiffes zurückzuholen. Er nimmt die Königin der Insel und weitere Tahitianer gefangen und lässt sie erst wieder frei, als die Tahitianer die Matrosen ausliefern. Beim Aufenthalt der *Bounty* im Jahr 1788 verfiel auch die Disziplin dieser Mannschaft. Kurz nach der Abfahrt aus dem Paradies kam es zur berühmten Meuterei.

Young Nick's Head

Die südliche Landspitze der Bucht, in der Cook in Neuseeland landet, wird nach dem zwölfjährigen Nick Young, der das Land als Erster sichtete, Young Nick's Head – Kap des jungen Nick – genannt. Heute steht hier eine Statue des Jungen. Man nahm auf den Segelschiffen bereits zehnjährige Jungen mit, da man meinte, dass sich Kinder nach der Pubertät nicht mehr an das harte Leben an Bord gewöhnen könnten. Kinder sind zudem beweglicher und schneller als Erwachsene. In der Kriegsmarine wurden sie als „Pulveräffchen" eingesetzt, um während eines Gefechtes möglichst schnell Nachschub an Schwarzpulver aus den Pulverkammern zu den Kanonen zu transportieren.

Endeavour vor Anker. Mit zwei Beibooten nähert sich Cook dem Strand. Aufmerksam beobachtet er die Umgebung. Er weiß, er muss wachsam sein, denn die Einwohner Neuseelands, die Maori, stehen Fremden feindlich gegenüber. Vier Matrosen aus der Mannschaft des niederländischen Entdeckers Abel Tasman wurden getötet, noch während sie sich in ihrem Beiboot der Küste näherten. Die Maori kamen mit ihrem Kriegskanu auf das Boot der Holländer zugeschossen, rammten es und schlugen den Seeleuten die Köpfe ein. Tasman verspürte nach diesem blutigen Zusammenstoß keine Lust auf weitere Begegnungen mit den Kriegern Neuseelands und segelte so schnell wie möglich weiter.

Während sie auf die Küste zusteuern, entdecken Cook und seine Männer plötzlich ein paar Einheimische am Strand – Maorikrieger. Kleine, stämmige Männer mit spiralförmigen Tätowierungen am ganzen Körper, auch im Gesicht haben sie schneckenförmige Kreise um Augen und Münder. Ihr dichtes, schwarzes Haar tragen sie über dem Kopf zusammengebunden. Als die Europäer an Land gehen, sind die Maori plötzlich verschwunden. Wie vom Erdboden verschluckt. Cook will mit dem unbekannten Volk unbedingt Freundschaft schließen und macht sich mit einigen Männern auf die Suche. Vier junge Matrosen lässt er zur Bewachung des Beibootes zurück.

In der „Mörderbucht" wird der niederländische Entdecker Abel Tasman von den Maori aus einem Hinterhalt angegriffen und in die Flucht geschlagen. In der Folge macht er um Neuseeland einen weiten Bogen.

Die neuseeländische Rugby-Nationalmannschaft zeigt vor jedem Spiel den *Haka*-Tanz ihrer Vorfahren. Die Mannschaft wird dabei lautstark von ihren Fans unterstützt.

Kaum haben sie das Beiboot verlassen, da tauchen vier der Maori aus den Wäldern auf. Ihr Gesichtsausdruck verheißt nichts Gutes. Entschlossen nähern sie sich dem Beiboot mit den zitternden jungen Matrosen. Der Bootsführer feuert zwei Musketensalven über den Köpfen der Einheimischen ab. Für einen kurzen Augenblick halten die Krieger inne. Dann setzen sie ihren Weg Richtung Boot unbeirrt fort. Als der Bootsführer das zweite Mal über ihre Köpfe hinwegschießt, achten sie schon nicht mehr auf den Knall. Sie rennen auf das Boot zu, ihre Speere in der Hand. Die Männer im Beiboot kriegen es mit der Angst zu tun. Der Bootsführer hat keine andere Wahl: Er feuert direkt auf die Angreifer und trifft einen von ihnen tödlich.

Cook schreibt schweren Herzens in sein Tagebuch:

„Hätte ich daran gedacht, dass sie auch nur den geringsten Widerstand leisten, wäre ich ihnen nicht nahe gekommen. Doch da sie solches taten, konnte ich nicht tatenlos verharren.“ Er trägt schwer an der Schuld. Am folgenden Tag unternimmt er einen neuen Versuch, freundschaftliche Beziehungen zu den Menschen Neuseelands aufzubauen. Aber das bedrohliche Schauspiel, das Cook und seine Männer vom Boot aus beobachten, verheißt nichts Gutes: Zahlreiche Maorikrieger haben sich am Ufer versammelt und veranstalten eine Art Tanz. Sie springen von rechts nach links, von links nach rechts, schütteln ihre Waffen, verziehen ihre Münder, strecken die Zungen heraus und verdrehen die Augen, bis das Weiße zu sehen ist. Dabei lassen sie einen rauen, furchterregenden Gesang hören. Ganz eindeutig: Sie tanzen einen Kriegstanz. Gleich werden sie angreifen. Und genau das möchte Cook verhindern.

Mit dem tahitianischen Priester Tupia begibt sich Cook unerschrocken an Land. Tupia spricht die aufgebrachten Maori in seiner Sprache an. Zu Cooks Überraschung verstehen die Männer den Priester aus Tahiti. Sind die Maori womöglich vor langer Zeit auf der Suche nach neuem Land aus Tupias Heimat mit Kanus nach Neuseeland gelangt? So muss es gewesen sein, vermutet Cook. Tupia versucht nun auf sein Geheiß, die kriegerischen Maori von den freundlichen Absichten der Europäer zu überzeugen, aber vergebens. Auch dieser Tag endet zu Cooks Entsetzen mit Blutvergießen.

Abel Tasman

Am 13. August 1642 sticht der niederländische Seefahrer Abel Tasman (1603–1659) von Batavia aus mit zwei rundbauchigen, flachgängigen Schiffen in See, um den Südkontinent zu finden. Sein Auftraggeber: die Niederländische Ostindien-Kompanie, eine der größten Handelsgesellschaften des 17. und 18. Jahrhunderts, die mehr als 4700 Schiffe unter Vertrag hat und den Handel mit Asien kontrolliert. Er steuert sein Schiff in das südliche Polarmeer durch Eis, Schnee und Nebel, weil sein Navigator Frans Visscher das Südland südlich des 50. Breitengrades vermutet. Im Bereich des 49. Breitengrades geben sie wegen der schlechten Wetterverhältnisse auf, fahren stattdessen Richtung Osten und entdecken Tasmanien und wenige Wochen später Neuseeland.

Die Europäer kehren der Bucht entmutigt den Rücken und machen sich an die von der Admiralität gestellte Aufgabe, Neuseeland zu vermessen. Dabei kommt es bei Landgängen zu weiteren verstörenden Begegnungen. Mitte Januar trifft Cook in einer Bucht auf Krieger, die gerade einen menschlichen Unterarm verzehren.

Die Maori essen Menschenfleisch! Die Schiffsmannschaft kann über nichts anderes mehr sprechen. In manchen Gegenden entlang der neuseeländischen Küste gelten Menschenknochen als Handelsware, wird Cook später erfahren, als es schließlich gelingt, zu den Maori Kontakt aufzunehmen. Die Matrosen, fasziniert von der furchterregenden Wildheit der Maori, tauschen ihre Habseligkeiten gegen menschliche Knochen als Souvenirs ein. Verspeist werden ausschließlich Feinde. Durch das Einverleiben geht die Lebenskraft des Besiegten auf den Sieger über. Die Köpfe werden mit Haut und Haaren haltbar gemacht.

In den nächsten Monaten nimmt Cook, während er Karten von den Küsten Neuseelands zeichnet, mit den Maori Handelsbeziehungen auf. Gegen Eisennägel oder Äxte erwirbt er Lebensmittel. Cook lernt die Neuseeländer und ihre Kultur nach und nach besser kennen und ist fasziniert von ihrer Lebensweise. Sie bestellen Felder, schützen sie mit Zäunen aus Schilfgras. Yamswurzeln, Süßkartoffeln und weitere Feldfrüchte werden angebaut, das Unkraut wird sorgfältig gejätet. Und sie essen viel Fisch. Mit fein gearbeite-

Neben anderen Formen barbarischer Grausamkeit sind sie auch des Kannibalismus schuldig.

Sydney Parkinson, Expeditionsmaler auf der *Endeavour*

Ein *Waka Taua,* ein neuseeländisches Kriegskanu. Die größten *Waka Taua* waren 40 Meter lang und konnten bis zu 90 Paddler aufnehmen. Die aufwendigen Schnitzereien wurden von Priestern angefertigt.

Die Maori-Kultur

Te Reo Maori, die Sprache der Maori, ähnelt der Sprache der Hawaiianer und anderer Bewohner der Südsee. *Aotearoa* – „Land der langen weißen Wolke" – so nennen sie die Nordinsel Neuseelands, ein weiterer Name ist *Te Ika a Maui,* „Fisch von Maui". Betrachtet man die Nordinsel aus der Luft, hat sie tatsächlich die Form eines Fisches. Die Südinsel heißt *Te Wai Pounamu* – „das Wasser des Grünsteins" (das bezieht sich auf die Jade, die hier vorkommt). Das Wort *Maori* bedeutet „natürlich" – als Unterscheidung der normalen Menschen von der Geisterwelt. Und *Kia Ora* heißt „Guten Tag"!

Ein Maoridorf wurde wegen der Gefahr von Überfällen immer an einem hochgelegenen Ort errichtet und mit Palisaden gesichert. Die Wachtürme waren ständig besetzt.

ten Netzen und großem Geschick gehen sie auf Fischfang. Cook bewundert, wie aufwendig die Maori selbst das kleinste Fischerkanu mit spiralförmigen Schnitzereien versehen. Die großen Kriegskanus können bis zu hundert Krieger aufnehmen. Und wenn sie in den Booten den eigenartigen Kriegstanz ausführen, dann schlagen hundert Paddel im vollendeten Gleichklang rhythmisch gegen die Bordwände. Nicht nur ihre Boote und Häuser, auch sich selbst schmücken die Maori mit liebevoller Sorgfalt. Sie bemalen kunstvoll ihre Gesichter und tätowieren sich am ganzen Körper – auch das Gesäß sparen sie nicht aus.

Gern tragen sie Kopfschmuck aus schwarzen Federn und Ohrgehänge aus schneeweißen Albatrosdaunen. Die Frauen lieben Armbänder aus Muscheln. Sie hüllen sich in schöne Tücher und tragen einen Gürtel aus langen Gräsern und wohlriechenden Blättern, der wie ein Schleier um ihre Hüften liegt.

Im Laufe der Monate kommt es entlang der Küste auch zu vielen freundschaftlichen Begegnungen. Die Europäer werden von den Maori in ihre Dörfer eingeladen. Bei den Festen, die sich aus diesen Begegnungen ergeben, spielen die Maori auf Holzflöten und Muscheltrompeten. Ihre Gesänge erinnern die Engländer wegen der vielen Halbtöne entfernt an Choräle. Die Kinder spielen mit Kreiseln, nicht anders als die, mit denen die englischen Matrosen früher selbst gespielt haben. Plötzlich kommen ihnen die „Kannibalen" gar nicht mehr so abstoßend vor.

Zunächst umsegelt die *Endeavour* den Norden Neuseelands. Nach fast sechs Monaten unermüdlicher Erkundung des Küstenverlaufs steht fest, dass Neuseeland keineswegs Teil des Südkontinents ist, sondern aus zwei Inseln besteht. Man kann sagen, dass Cook Neuseeland als Strich auf der Landkarte vorfindet und als genau vermessene Inselgruppe wieder verlässt, mit präzisen Karten von der 3850 Kilometer langen Küstenlinie im Gepäck und einem ausführlichen Bericht über das Land, seine Beschaffenheit, die Menschen, ihre Kultur – und über die Bedingungen für eine eventuelle Besiedlung Neuseelands durch die Engländer. Denn Cook hat gemäß seinem Auftrag die Ausweitung des britischen Empires im Blick und berichtet davon, wie reich und fruchtbar das Land ist, wie wunderbar geeignet zum Siedeln.

Die Maorikrieger bekamen ihr erstes *Moko* – die schwarze Gesichtstätowierung – als Zeichen, dass sie nun zu den wehrfähigen Erwachsenen gehörten.

Er beschreibt die Menschen unvoreingenommen, lässt sich nicht irre machen durch ihre Fremdartigkeit. Sachlich schildert er ihr Aussehen, ihre Sprache, die Arbeitsteilung von Männern und Frauen, ihre Gebräuche und ihre Religion. Er wertet nichts, beschreibt nur, was er gesehen hat – wie ein guter Wissenschaftler. Daher gelten Cook und die mitreisenden Forscher, vor allem Johann und Georg Forster, als Mitbegründer eines neuen wissenschaftlichen Fachs: der Völkerkunde. Cooks Begleiter sammeln zahllose Gegenstände, die die Völker, denen sie auf ihren Reisen begegnen, benutzen. Vor allem Dinge des Alltags: Angelhaken, Musikinstrumente, Gürtel, Schmuck, Kleidung, Kämme … Auch Skulpturen und andere Kunstgegenstände bringen sie mit. Am Ende ihrer Reisen haben sie mehr als 2000 Kulturzeugnisse zusammengetragen.

Neuseeland

Neuseeland liegt isoliert im südlichen Pazifik, etwa 2000 Kilometer von Australien entfernt, und besteht aus einer Nord- und einer Südinsel sowie etwa 700 weiteren kleineren Inseln. Der Inselstaat wurde als eine der letzten Regionen der Erde von Menschen besiedelt. Um das Jahr 1280 kamen Menschen mit seetüchtigen Reisekanus aus Polynesien hierher und begründeten die Maori-Kultur. Wahrscheinlich trieb Überbevölkerung die Menschen ursprünglich dazu, ihre Heimatinseln zu verlassen. Sie legten in ihren Doppelkanus, in denen sie auch Saatgut und Tiere mitnahmen, auf dem offenen Meer riesige Distanzen zurück. Dabei orientierten sie sich am Verhalten der Meerestiere, und auch die Form der Wellen wies ihnen den Weg zur nächsten Insel.

Solander und Banks sammeln allein auf Neuseeland 400 unbekannte Pflanzenarten und viele unbekannte Tiere. Die Forschungsreise der *Endeavour* ist in vielerlei Hinsicht ein nicht zu überbietender Erfolg. Doch der Südkontinent bleibt weiterhin verborgen.

Cook hat längst seine Zweifel, dass der Südkontinent überhaupt existiert. Aber um sicherzugehen, müsste er zu guter Letzt noch einmal die hohen südlichen Breiten absegeln, die Region am Südpol. Das Eismeer, das zu durchfahren sie wegen der Passage der Venus keine Zeit hatten. Die *Endeavour* ist jedoch nicht mehr in dem Zustand, dass Cook es wagen könnte, sie den orkanartigen Stürmen des Eismeeres auszusetzen. Die Bohrwürmer der Südsee haben den Rumpf regelrecht durchlöchert. Cook wird die *Endeavour* daher um die Südspitze Afrikas nach Hause steuern. Eine zweite Reise wird klären müssen, ob das gesuchte Land irgendwo in den eisigen, hohen Breiten liegt.

Auch die Heimreise soll Nutzen für die Seefahrt bringen, darum wählt Cook nicht den direkten Weg nach Afrika. Er wählt die Route, auf der sich neue Entdeckungen machen lassen: die Route entlang der unbekannten Ostküste Australiens. Auf dem Weg wird Cook Karten erstellen und ergründen, ob Australien mit dem vermuteten Südkontinent zusammenhängt.

Diese exakte Karte von Neuseeland zeichnet James Cook 1770 an Bord der *Endeavour*. Wichtigste Erkenntnis: Neuseeland gehört nicht zum Südkontinent.

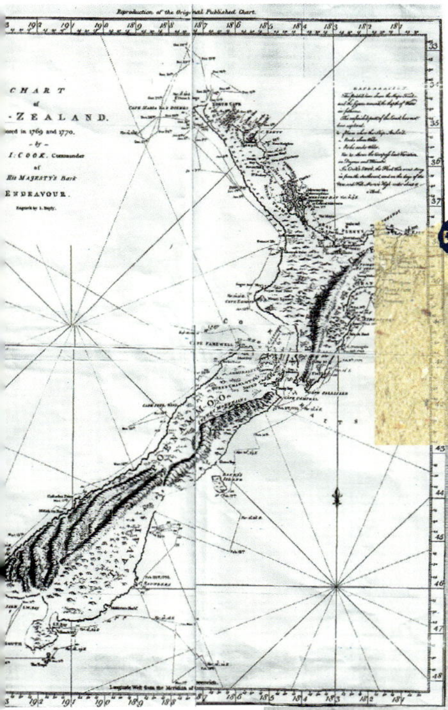

Samstag, 31. März

Was einen Südkontinent anbelangt, so glaube ich nicht, dass ein solcher existiert, höchstens in einer hohen Breite.

James Cook

5

Schiffbruch

>>> Auf dem Weg nach Australien – das zu Cooks Zeiten noch Neuholland heißt – erleben Cook und seine Männer heftige Stürme mit starken Böen. Riesige Wellen überfluten die Decks. Viel fehlt nicht, und einige der Matrosen wären ins Meer gespült worden. Das Sprietsegel wird völlig zerfetzt.

Eines Tages umkreisen Schwärme von Seevögeln kreischend das Schiff. Australiens Küste kommt in Sicht. Die Europäer gehen mit gemischten Gefühlen an Land. Sie sind froh, nach der langen Fahrt von Neuseeland – über 2000 Kilometer liegen hinter ihnen – wieder festen Boden unter den Füßen zu haben. Doch was wird sie hier erwarten?

„Botany Bay“ tauft Cook die Bucht, in der er das erste Mal Fuß auf australischen Boden setzt. Botanik-Bucht.

Denn Banks und Solander sammeln hier unzählige unbekannte Pflanzenarten. Sie staunen darüber, dass sie fast ausschließlich Pflanzen vorfinden, die sie noch nie zuvor gesehen haben. Neu-

Australien

Der Niederländer Willem Janszoon setzt 1606 als erster Europäer seinen Fuß auf australischen Boden. Zunächst sind es ausschließlich Holländer, die den Kontinent besuchen und erforschen: Abel Tasman entdeckt beispielsweise das heutige Tasmanien. Daher setzt sich im 17. und 18. Jahrhundert zunächst der Name Neuholland für den Kontinent durch. Die Niederländer zeigen jedoch kein Interesse, Australien zu besiedeln oder zu kolonisieren, denn sie halten den Kontinent für unbewohnbar: Die Westküste Australiens, die sie erforscht haben, ist trocken und unfruchtbar und mit bis zu 50 °C Hitze viel zu heiß. James Cook nimmt 1770 die fruchtbare Ostküste für sein Heimatland England in Besitz. Aufgrund seiner Empfehlung schickt der englische König zunächst Sträflinge als Siedler nach Australien, von 1788 bis 1868 über 160 000 Männer und Frauen, und bringt nahezu den gesamten Kontinent unter seine Kontrolle. 1824 erhält der Kontinent durch die Briten seinen heutigen Namen.

Aborigines – die Ureinwohner Australiens. Die Männer gingen mit Speeren und Bumerangs auf Jagd, die Frauen sammelten Früchte, Knollen, Kräuter und Samen.

Die Tierwelt Australiens

Die meisten Tiere Australiens findet man nur hier, nirgendwo sonst auf der Welt. Das liegt an der isolierten Lage des Kontinents. Die bekanntesten australischen Tiere sind der australische Wildhund Dingo und Beuteltiere wie Känguru, Koalabär, Wombat und der Tasmanische Teufel, ein Raubtier, das wie ein kleiner, schwarzer Hund aussieht. Das Wappentier Australiens ist der flugunfähige Emu, der dem Strauß ähnelt. Die farbenprächtige Vogelwelt Australiens mit über 300 Papageienarten und einer Vielzahl von Wasservögeln wie z.B. Pelikanen ist einzigartig. In Australien leben die giftigsten Schlangen der Welt. Es gilt auch wegen seiner Skorpione, der Krokodile, der Haifische und der giftigen Quallenart Box Jelly Fish mit Blick auf die Tierwelt als der gefährlichste Kontinent von allen.

holland ist für die beiden Botaniker ein reines Wunderland. Sie breiten ein Segel am Strand aus und legen 200 Blatt Löschpapier darauf aus, mit dessen Hilfe sie die einzigartigen Pflanzen haltbar machen wollen. Nicht nur die Pflanzenwelt ist vollkommen fremdartig – Banks und Solander stoßen auch auf merkwürdige, nie zuvor gesehene Tiere. Ein großes, schlankes, mausgraues Tier erregt ihre besondere Aufmerksamkeit. Zuerst halten sie es für einen Hund. Der Kopf, der Hals und die Schultern dieses Tieres sind im Verhältnis zum übrigen Körper sehr klein. Sein Schwanz ist fast so lang wie der Körper. Fortbewegen tut sich das Tier durch Hüpfen oder Springen auf den Hinterbeinen. Die Einheimischen nennen es *gangurru*.

Cook und Banks bestaunen die ungeheure Vielfalt der Tier- und Pflanzenwelt von Botany Bay.

Wie überall möchte Cook auch zu den Ureinwohnern Australiens Kontakt aufnehmen, den dunkelhäutigen Aborigines – diesen Namen erhalten sie später durch die Europäer. Aber die Ureinwohner lassen sich nicht dazu bewegen. Entweder werfen sie mit Steinen nach den Europäern oder sie verstecken sich. Mit einem Fernrohr sucht Banks die Küste nach diesen geheimnisvollen Menschen ab. Er sieht sie im Wasser zwischen den Felsen nach Fischen jagen. „Nicht den geringsten Faden tragen sie am Körper", notiert er in seinem Tagebuch. Sie tragen auch keinerlei Schmuck, doch manche der dunkelhäutigen Menschen bemalen ihre Körper mit weißer Farbe. Tupia, der Priester aus Tahiti, kann Cook dieses Mal nicht bei der Verständigung helfen. Die Sprache der Ureinwohner Neuhollands ist nicht die seine.

Die Europäer versuchen, die Aborigines mit kleinen Geschenken zu ködern, wie sie es auch andernorts mit Erfolg gemacht haben: mit Glasperlen, kleinen Spiegeln und Kämmen. Oder mit nützlichen Dingen aus Eisen wie Nägeln. Aber die zurückhaltenden Menschen zeigen einfach kein Interesse. Sie rühren die Gegenstände, die die Europäer offen für sie hinlegen, nicht einmal an.

Cook gibt es schließlich auf, mehr über dieses scheue Volk erfahren zu wollen.

Die *Endeavour* arbeitet sich mit nördlichem Kurs entlang der Ostküste Australiens vorwärts. Cook zeichnet, unbeirrt von den

enormen Schwierigkeiten, das Schiff beständig in Sichtweite der Küste zu manövrieren, und trotz der ständigen Gefahr, in Küstennähe auf Grund zu laufen, seine Karten. Wenn er von der Arbeit mit Zirkel und Kompass, mit Schreibbrett und Zeichengerät aufschaut, merkt er, dass die Brandung für das Schiff zunehmend gefährlich wird. Nachts hält Cook daher lieber neun bis zwölf Meilen Abstand von der Küste, doch er setzt seinen Kurs Richtung Norden entschlossen fort. Die Bedrohung, auf die sie alle zusteuern, erkennt er nicht. Wie auch? Es gibt noch keinerlei Karten von dieser Region und das Senkblei zeigt an, dass sie in tiefem Wasser fahren.

In der Nacht vom 11. auf den 12. Juni kracht es gegen 23 Uhr plötzlich. Das Holz der *Endeavour* splittert. Durch den aufgerissenen Rumpf dringen augenblicklich große Wassermengen ein. Das Schiff sitzt auf einem Korallenriff fest. Auf dem größten Riff der Erde, dem Great Barrier Reef. Es hat die unglaubliche Länge von 2300 Kilometern, bedeckt ein Gebiet von fast 350 000 Quadratkilometern – eine Fläche, fast so groß wie ganz Deutschland. Die Zacken des Riffs sind scharf wie Messerklingen. Die 2900 einzelnen Riffe, aus denen sich das Große Barriereriff zusammensetzt, bilden ein unüberwindbares Hindernis für jedes Schiff.

Cook, aus dem Schlaf gerissen und nur mit einer Unterhose bekleidet, gibt mit ruhiger Stimme Anweisungen. Er schickt jeden verfügbaren Mann an die Pumpen, die Segel werden eingeholt, dann lässt er die Beiboote zu Wasser und verankert sie an einer Stelle, die auch für die *Endeavour* genügend Tiefgang hat. Sobald die Flut

22 Kilometer von der Küste entfernt wird die *Endeavour* von den scharfen Korallen des Riffs aufgespießt. Das Segel wird sofort gerefft, um dem Wind keine Angriffsfläche zu bieten.

kommt, sollen sie die *Endeavour* vom Riff ziehen. Geschütze, Eisen und Steinballast, Fässer, verdorbene Vorräte und alles, was man sonst noch entbehren kann, wird über Bord geworfen. So wird das Schiff um 40 Tonnen Ballast leichter.

Die ersehnten Flutwellen kommen mit der Morgensonne. Sie schlagen das Schiff zunächst noch heftiger gegen die Korallen, das Geräusch brechender Schiffsplanken ist haarsträubend. Die Männer in den Beibooten legen sich in die Riemen und ziehen, sie geben alles. Der Rumpf des Schiffes reißt noch weiter auf. An den Pumpen kommen sie kaum noch gegen das einströmende Wasser an. Doch alle Anstrengung ist vergebens. Sie bekommen das Schiff nicht los.

Jetzt bleibt ihnen nur noch die bange Hoffnung auf das nächtliche Hochwasser.

Als gegen 22 Uhr nachts die Flut schließlich kommt, riskiert Cook alles. Er versucht, die *Endeavour* sowohl von den Beibooten aus als auch mithilfe von ausgeworfenen Ankern aus der Gefahrenzone zu ziehen.

Das Schiff ächzt und knarrt. Wieder das Geräusch von zersplitternden Holzplanken, das Leck wird noch größer. Die Männer an den Pumpen kämpfen verzweifelt gegen den Untergang. Und dieses Mal ist das Glück auf ihrer Seite. Mit vereinten Kräften gelingt es, das Schiff in fahrbares Wasser zu ziehen.

Bescheiden schreibt Cook die erfolgreiche Rettung mal wieder dem Wetter zu. Und der Mannschaft.

Für die Mannschaft der *Endeavour* jedoch steht fest, dass sie ihre Rettung einzig und allein Cook zu verdanken haben. Ohne seine Besonnenheit wären sie mit Mann und Maus untergegangen. Vorsichtig manövriert

All die Gefahren, welchen wir entronnen, waren gering im Vergleich zu derjenigen, auf dieses Riff geschleudert zu werden.

James Cook

Cook das leckgeschlagene Schiff durch das große Riff in eine geschützte Bucht, wo es notdürftig geflickt wird.

Cook klettert selbst auf die Mastspitze und schaut aufs Meer hinaus. Er stellt fest, dass sie überall von Untiefen umgeben sind. Es ist ein verdammter Irrgarten, durch den sie ihren Weg finden müssen! Alle an Bord wissen, wie schwierig, ja nahezu unmöglich das ist, was Cook jetzt leisten muss. Doch die Männer stehen ruhig und vertrauensvoll an Deck und warten auf die Befehle ihres Kapitäns. Sie wissen: Wenn einer sie hier herausbringen kann, dann ist es Cook.

Cook, der sich seine Anspannung nicht anmerken lässt, vertraut später seinem Tagebuch an: „Ich wusste keinen Rat, wohin ich steuern sollte.“ In Großbuchstaben schreibt er auf seine Karte von der Ostküste quer über das Meer das Wort LABYRINTH.

Dann fasst er sich ein Herz und sendet das Beiboot voraus. Es soll die Untiefen ausloten und er wird versuchen, mit der *Endeavour* zu folgen. Wenn die Winde das zulassen! Wenn sie aus der falschen Richtung kommen oder zu stark blasen, dann muss sich die *Endeavour* mit allen Ankern am Meeresgrund festkrallen und die Mannschaft muss beten, dass die Seile halten. Cook gelingt das

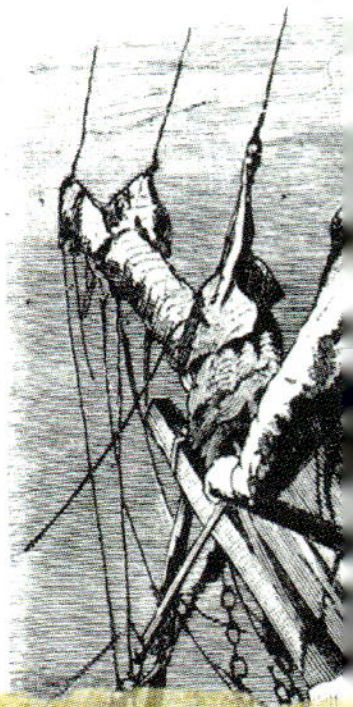

Die *Endeavour* wird an Land notdürftig ausgebessert. Der Boden ist aufgerissen, der Hauptkiel schwer beschädigt, die Pumpen sind unbrauchbar, die Backbordseite ist eingedrückt.

Die Angst vor dem Tode starrte uns nun ins Gesicht. Ich gab das Schiff verloren und machte mich für das Schlimmste bereit.

Joseph Banks

Matrosen am Gangspill. Mithilfe der Winde wird nach zwei langen Monaten Reparatur endlich der Anker gelichtet.

Unmögliche: Er bringt die kaum noch seetüchtig zu nennende *Endeavour* unversehrt aus der Gefahrenzone hinaus aufs offene Meer. Eine navigatorische Meisterleistung, doch Cook ist wieder einmal nicht restlos zufrieden mit sich selbst. Er bedauert, dass er die australische Ostküste nun nicht bis in ihre nördlichste Ausdehnung vermessen kann, dass er auf die wichtige Frage, ob Australien mit Neuguinea verbunden ist, keine Antwort gefunden hat.

Dieses Schiff – die legendäre *Endeavour* – kommt 1778 unter einem anderen Kapitän im Amerikanischen Unabhängigkeitskrieg zu Schaden und versinkt vor der Hafeneinfahrt von Newport, Rhode Island.

In Australien wird man die *Endeavour* nie vergessen: War sie doch das Schiff, das der Besiedlung des Kontinents durch die Europäer den Weg bereitete. Das Schiff hat eine so große Bedeutung, dass das National Maritime Museum in der größten australischen Stadt Sydney 1987 beschließt, es eins zu eins nach den Plänen, die es von der historischen *Endeavour* in England noch gibt, nachzubauen und erneut auf Reisen zu schicken. Das Schiff hat inzwischen zweimal die Welt umsegelt und auch die gefürchtete Umschiffung von Kap Hoorn gemeistert. Was die Matrosen und ihr australischer Kapitän Ross Mattson dabei erlebt haben, führt uns wie auf einer Zeitreise auf die Spur Kapitän Cooks zurück.

Die *Endeavour*

Die *Endeavour*, 1764 in Whitby als Kohletransporter gebaut, ist unter dem Namen *Earl of Pembroke* vier Jahre auf der Nordsee als Frachtschiff im Einsatz. 1768 wird sie mit großzügigen Vorratsräumen und Kabinen für die mitreisenden Wissenschaftler zum Entdeckerschiff umgebaut. Der Dreimaster wird mit zehn Deckskanonen und zwölf Drehbassen, also leichteren Geschützen, ausgestattet. Zum Schutz vor den Bohrwürmern der Südsee wird der Rumpf des Schiffes mit einer Schicht aus Filz, Rosshaar, Kalk, Leinöl und Teer versehen. Darüber wird eine zweite Beplankung aus Tannenhölzern gelegt, in die Zehntausende von Kupfernägeln eingelassen werden. Nachdem die *Endeavour* in Australien Schiffbruch erlitten hat, ist das Schiff kaum noch über Wasser zu halten. Dennoch gelingt es Cook, es durch das Große Barriereriff zu manövrieren und sicher zur Reparatur in den 5500 Kilometer weit entfernten Hafen von Batavia zu steuern. Diese Meisterleistung trug zum Ruhm Cooks und der *Endeavour* bei.

6

Endeavour heute

>>> **Der Australier Ross Mattson** ist unweit der Stelle geboren, an der Cook seinen Fuß zum ersten Mal auf australischen Boden setzte. Der Ozean und das Spiel von Wind und Wellen haben schon immer eine wichtige Rolle in seinem Leben gespielt. Schon als Kind liebte er es, mit seinem Vater zu segeln. Der Vater erzählte ihm auch von dem Engländer James Cook, der mit seiner leckgeschlagenen *Endeavour* hierher kam und dem es gelang, einen Weg durch das große Labyrinth des Barrier Reef zu finden. Als Junge hat Ross mit unendlicher Sorgfalt über viele Wochen hinweg das Modell eines Seglers aus dem 18. Jahrhundert nachgebaut. Heute verbringt er sein Leben an Bord eines solchen Schiffes.

Die Menschen Australiens reagieren mit großer Begeisterung darauf, wenn Ross Mattson mit dem prächtigen Dreimaster irgend-

Heute werfen wir völlig gedankenlos mit Wörtern wie „Mut" und „Stress" um uns. Ich glaube nicht, dass viele von uns durchhalten würden, was Cook und seine Männer mitgemacht haben.
Toni Horwitz, Matrose auf Zeit auf der *Endeavour*

Unterschiedliches Material: Im 18. Jahrhundert verwendete man Eiche, beim Replikat das australische Hartholz Jarrah. Die heutige *Endeavour* verfügt über elektrisches Licht und Maschinen.

Ross Mattson mit Besuchern. Er bewundert James Cook dafür, dass er seinen Weg „blind" fand – ohne Seekarten.

Ross Mattson

Ross Mattson wuchs in der Nähe von Sydney auf und träumte bereits als Kind davon, eines Tages auf einem Segelschiff aus dem 18. Jahrhundert mitzusegeln. Diesen Traum verwirklichte er, indem er zunächst zwölf Jahre lang Dienst auf einem Nachbau der legendären *Bounty* tat, des berühmten Meutererschiffs, das im Hafen von Sydney vor Anker liegt. Seit 2006 ist er Kapitän auf der neuen *Endeavour*. Jedes Jahr verbringt er drei bis fünf Monate auf hoher See. Mattson hat 17 ständige Crewmitglieder und nimmt etwa 35 zahlende Gastmatrosen auf seinen Fahrten mit. Er lebt mit seinen zwei Kindern und seiner Frau unweit von Botany Bay, der Bucht, in der Cook 1770 zuerst seinen Fuß auf australischen Boden setzte. Zufällig heißt die Straße, in der er momentan wohnt, auch noch Captain Cook's Drive.

wo auftaucht. Dann können sie sich genau vorstellen, wie das damals war, als Cook nach Australien kam. Diese Entdeckungsfahrt betrifft sie persönlich, sie und ihre Vorfahren. Ohne Cook wären die meisten von ihnen wahrscheinlich nicht hier. Cook bereitete mit seiner Fahrt nach Australien den Boden dafür, dass der Kontinent von den Engländern besiedelt wurde und dass dort heute Englisch gesprochen wird.

Die *Endeavour* wird von denen, die heute auf ihr Dienst tun, allerdings nicht als stolzes Entdeckerschiff, sondern eher als Kreuzung zwischen einem holländischen Holzschuh und einem Sarg beschrieben. Wer erfahren will, wie das Leben der Matrosen früher gewesen ist, kann für zehn Tage oder zwei Wochen auf dem originalgetreuen Nachbau anheuern. Die 56 Männer und Frauen der Besatzung an Bord der heutigen *Endeavour* müssen die gleichen Aufgaben erledigen wie Cooks Männer vor 250 Jahren. Viele von ihnen meinen, dieses harte Leben nicht mal für eine Woche ertragen zu können. Besonders die Seekrankheit macht allen zu schaffen.

Das Schiff hat wegen seines geringen Tiefgangs die Neigung, sehr stark zu rollen. Dann bewegt es sich nicht nur auf- und abwärts, sondern zusätzlich von rechts nach links. Gequält von der Enge, der Seekrankheit, dem wenigen Schlaf – man wird ja auch nachts als Wache eingeteilt – und zermürbt durch die zahlreichen Aufgaben, vor denen man Angst hat, haben manche schnell die Nase voll und wollen nur noch eines: zurück ins 21. Jahrhundert und so schnell wie möglich raus aus dieser 500 Tonnen schweren, ununterbrochen schaukelnden Badewanne.

Wiedergefunden

Die historische *Endeavour* fährt nach ihrer Pazifikfahrt unter dem Namen *Lord Sandwich* weiterhin für die britische Admiralität. Sie bringt deutsche Söldner nach Nordamerika, die die britische Armee im Unabhängigkeitskrieg unterstützen sollen. Zusammen mit zwölf weiteren Schiffen wird sie 1778 von den Engländern vor der Hafeneinfahrt von Newport versenkt, um gegen die Franzosen eine Barriere zu errichten, die sie darin hindern soll, in den Hafen einzufahren. 2006 werden von einem amerikanischen Archäologenteam sechs der dreizehn versenkten englischen Schiffe wiedergefunden. Ob die *Endeavour* darunter ist, weiß man noch nicht sicher.

Beim Einholen musste das Segel an der Rah festgemacht werden. In dreißig Metern Höhe und bei stampfendem Schiff war das ebenso einfach, wie einen Stier einzufangen.

Toni Horwitz, Matrose auf Zeit auf der modernen *Endeavour*

Heute sind die Matrosen beim Klettern in die Masten mit einem Geschirr gesichert. Die Arbeit ist körperlich extrem anstrengend.

Aber wer nicht aufgibt, der macht Erfahrungen, die man nirgendwo sonst auf der Welt machen kann. Anders als an Land kann man sich nicht drücken, weder vor der Begegnung mit den Naturgewalten noch vor der Begegnung mit den eigenen Ängsten und Schwächen. Und das kann zu einer wertvollen Erfahrung werden. Wenn Sturm aufkommt und gewaltige Wassermassen die Decks überfluten, wachsen die Menschen an Bord oft über sich hinaus und stehen ihren Mann.

Meist kommen die Stürme mitten in der Nacht, um ein Uhr morgens zum Beispiel, wenn es stockfinster ist. Der Mond ist hinter schwarzen Wolkenbergen verschwunden. Das Einzige, wodurch das Schiff beleuchtet wird, sind die jäh aufflammenden Blitze. Dazu kommt das Krachen des Donners.

Wenn der Sturm losbricht, schlägt er urplötzlich mit voller Gewalt zu. Der Wind, der durch die Takelage fährt, bringt ein unerträgliches Kreischen hervor. Dazu knallen die Segel so ohrenbetäubend wie Gewehrsalven. Die Gischt peitscht der Crew hart ins Gesicht. Der Seegang wird schnell beängstigend hoch. Das Wasser reißt alles mit, was nicht niet- und nagelfest ist. Das Schiff tanzt auf den Wellen wie ein Korken und neigt sich immer wieder stark zur Seite. Wer nicht daran gewöhnt ist, bekommt es mit der Angst zu tun.

Besonders diejenigen, die bei wild hin und her geworfenem Schiff den 39 Meter hohen Mast hochklettern müssen, um Arbeiten an den Segeln zu verrichten, müssen jetzt Stärke beweisen.

Anders als seine Matrosen auf Zeit fürchtet Kapitän Ross Mattson nicht den Sturm, sondern die Küste. Wenn er mit seinem schwerfälligen Schiff durch Einfahrten fährt, die rechts und links gerade mal drei Meter Raum zwischen dem hölzernen Rumpf der *Endeavour* und scharfkantigen Klippen lassen, dann schlägt ihm das Herz bis zum Hals. Diese Einfahrten zu durchfahren ist eine einzige Gratwanderung. Ein Fehler, eine einzige Unsicherheit – und das Schiff sitzt fest.

Was Cook bei seiner Fahrt entlang der australischen Küste geleistet hat, erfüllt den heutigen Kapitän der *Endeavour* mit großer Bewunderung. Mit einem Segelschiff wie der *Endeavour* kann man nicht mal eben den Rückwärtsgang einlegen, wenn sich Hindernisse wie Untiefen, Felsen oder Riffe in den Weg stellen. Es ist weitaus sicherer, fernab der Küste zu segeln. Als Cook die Küste Australiens kartografierte, musste er jedoch so nah wie möglich an die Küste heranfahren. „Zur Leeküste fahren" nennt man solch ein Manöver, bei dem einen der Wind geradewegs auf die Küste zutreibt. Adrenalin pur – so beschreibt Ross Mattson den Zustand des Kapitäns dabei.

Neben unzähligen gefahrvollen Momenten an Bord der *Endeavour* gibt es auch heute noch diese magischen Momente, die bereits Cook in seinen Logbüchern erwähnt. Wenn das Schiff mit vollen Segeln an einem klaren Tag dahingleitet beispielsweise. Wenn Delfine das Schiff begleiten oder Wale auftauchen. Ross beschreibt als sein schönstes Erlebnis, als seine *Endeavour* eines Tages in einem großen Sturm von den Elementen emporgehoben wurde. Der Sturmwind trieb die *Endeavour* so schnell vorwärts wie noch nie, mit 10 Knoten segelten sie hart am Wind, um sie herum türmten sich die Wellen bis zu sieben Meter hoch auf. Und dann hob der Wind die *Endeavour* auf einen dieser Brecher und der 500 Tonnen schwere Pott glitt auf den Wellen dahin. Wie ein Surfer ritten sie die Welle voll aus.

Der *Endeavour*-Nachbau ist nie mehr als sieben Tage auf hoher See. Cooks Männer verbrachten bis zu 117 Tage ohne Landgang auf dem offenen Meer.

Genau wie Cook trägt Ross schwer an der Verantwortung für das Schiff und für die Mannschaft. Zum Glück ist unter seiner Führung noch niemand ernsthaft zu Schaden gekommen. Kapitän der *Endeavour* sein, das bedeutet 24 Stunden am Tag höchste Konzentration, sieben Tage die Woche. Allein dass Cook das über einen Zeitraum von nahezu zehn Jahren schultern konnte, verdient laut Ross Mattson bedingungslosen Respekt.

Was es bedeutet, in Gewässern zu segeln, von denen es keine Karten gibt, kann man sich heute gar nicht mehr vorstellen. Es ist damit vergleichbar, ein Raumschiff zum ersten Mal zum Mond zu schicken. Nach der *Endeavour* wurde in unserer Zeit dann auch eine Raumfähre der Amerikaner benannt, außerdem das *Apollo*-Raumschiff der Mondmission *Apollo 15*. Der Name *Endeavour* steht für unerschrockenen Aufbruch in unbekannte Gefilde.

Doch wie wäre Cook wohl zumute, wäre er Kapitän der heutigen *Endeavour*? Was für ein Blick ergäbe sich für ihn auf die Völker der Südsee, denen er vor 250 Jahren begegnete?

Um es klar zu sagen: Cook wäre sicher entsetzt. Die Begegnung mit den Europäern, die nach Cook kamen, erwies sich für die Menschen Tahitis, die Maori in Neuseeland und die Aborigines in Australien als Fluch. Die Europäer schleppten Krankheiten wie Tuberkulose, Pocken und Masern ein, vertrieben die Ureinwohner von ihrem Land und unterdrückten ihre Kultur. Auch der Alkohol raffte die Menschen dahin und stellt bis heute ein riesiges Problem dar.

Seemeilen und Knoten

1 Landmeile entspricht 1,609 Kilometer
1 Seemeile entspricht 1,852 Kilometer
In früherer Zeit hat man auf Schiffen die Geschwindigkeit mithilfe einer Leine, in die man alle sieben Meter einen Knoten gemacht hatte, und eines daran befestigten Holzstückes gemessen. Das Holzstück wird während der Fahrt ins Wasser geworfen, dann lässt man die Leine abrollen. Nach einer bestimmten Zeit prüfte man, wie viel Leine abgelaufen war. Die Knoten dienten als Messeinheit.

Aborigines

Etwa 60 000 Jahre vor den Europäern kamen Menschen aus Südostasien über während der Eiszeit noch existierende Landbrücken nach Australien. Die Engländer nannten diese Ureinwohner Australiens „Aborigines", was übersetzt „von Beginn an" bedeutet. Die Aborigines bestehen aus mehreren Volksgruppen mit 250 unterschiedlichen Sprachen. Die nomadisierenden Jäger und Sammler leben im Einklang mit der Natur. Das Land ist ihnen heilig. Geschichten über die *Traumzeit*, in der höhere Wesen gemeinsam mit den Menschen, Tieren und Pflanzen die Welt erschufen, indem sie sie erträumten, wurden von Generation zu Generation weitergegeben. Seit der Besiedelung Australiens durch englische Strafgefangene ab 1788 bestimmen Alkohol, Armut und Arbeitslosigkeit ihr Leben. Inzwischen bemüht sich die Regierung, die Aborigines besser in die Gesellschaft zu integrieren. Die Fahne der Aborigines ist seit 1995 als „eine Flagge Australiens" neben der Landesfahne anerkannt.

Inzwischen ist der *Endeavour*-Nachbau zweimal um die ganze Welt gesegelt. Auch der Ort Whitby in England, in dem Cooks *Endeavour* gebaut wurde, wurde besucht.

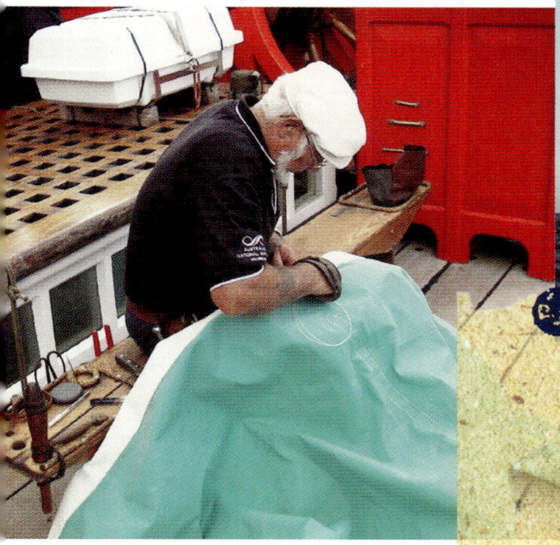

Zu den Arbeiten an Deck des *Endeavour*-Nachbaus gehört das Segelflicken. Früher bestanden die Segel aus Flachs, heute aus Duradon, einem synthetischen Gewebe, das wesentlich haltbarer ist.

Man muss wissen, dass die Schiffe sehr schwerfällig und begrenzt darin sind, was sie leisten können. Wenn ich daran denke, was Cook geschafft hat, dann habe ich nichts als Bewunderung für diesen Mann.

Ross Mattson

1774 schätzte Cook die Bevölkerung Tahitis auf etwa 200 000 Menschen. Nur hundert Jahre später war die Zahl auf 7169 Ureinwohner zurückgegangen.

Die Aborigines Australiens sind zu Fremden in ihrem eigenen Land geworden. Sie haben mit vielfältigen Problemen zu kämpfen: Arbeitslosigkeit, Alkoholismus und Armut bestimmen ihr Leben.

Den neuseeländischen Maori geht es dagegen verhältnismäßig gut. Viele leben zwar in bitterer Armut, aber sie konnten sich doch ihre Kultur bewahren und sind ein selbstbewusstes Volk geblieben.

Cook selbst hatte große Zweifel, ob seine Entdeckungen den Menschen der Südsee Gutes bringen würden. Sorgenvoll schrieb er vor 250 Jahren in sein Tagebuch: „Wir verderben ihre Moral und wir bringen ihnen Krankheiten, die sie zuvor nicht gekannt."

So meisterhaft die Leistungen von Entdeckungsfahrern wie Cook auch waren – was ihre „Entdeckung" den Menschen in Afrika, Amerika oder Australien brachte, darauf kann sicherlich niemand stolz sein.

7

Tanz auf dem Eis

Als Cook nach seiner Rückkehr eine neue Besatzung für die zweite Fahrt in den Pazifik zusammenstellt, heuern viele Matrosen der *Endeavour* wieder an. Cook genießt großes Ansehen unter seinen Männern.

Bei der zweiten Pazifikreise bricht Cook sicherheitshalber mit zwei Schiffen auf, mit der *Resolution* und dem etwas kleineren Begleitschiff *Adventure*, das von Kapitän Furneaux geführt wird. Genau wie die *Endeavour* wurden auch diese Schiffe ursprünglich konstruiert, um Steinkohle zu transportieren. Lebensmittel für zwei Jahre fassen die riesigen Lagerräume.

Cook und seine Mannschaft auf der Jagd nach Walrossen. Wo immer er kann, versorgt er die Männer mit frischem Fleisch gegen den Skorbut.

Freitag, 18. Dezember
Der Wind hat aufgefrischt und brachte Schnee und Regen mit sich, der unsere Takelage und Segel einfrieren ließ. Gefährlich ist es, zwischen schwimmenden Eisfelsen zu segeln in einem dichten Nebel und in unbekannter See.
James Cook

Chronometer

Chronometer zeigen die Uhrzeit des Heimathafens sekundengenau an. Wenn man zur Mittagsstunde von seiner aktuellen Position aus die Uhrzeit auf dem Schiff mit der Uhrzeit des Heimathafens vergleicht, kann man errechnen, wie weit man sich vom Heimathafen entfernt hat. 1759 präsentiert der Uhrmacher John Harrison als Erster eine sekundengenaue Uhr, mit der man die geografische Länge exakt berechnen kann. Cook nimmt 1772 als Erster einen Nachbau dieser Uhr mit auf die Reise.

Ein Chronometer. Mit den sehr genau gehenden mechanischen Uhren ist erstmalig eine präzise Berechnung des Längengrades auf hoher See möglich.

Am 13. Juli 1772, auf den Tag genau ein Jahr nach ihrer Rückkehr nach England, stechen sie wieder von Plymouth aus in See.

Cook hat den Befehl, die Sommermonate dazu zu nutzen, die Region am Südpol zu befahren und dort nach dem Südkontinent Ausschau zu halten. Wenn es Winter wird und die See zu stürmisch und das Klima zu kalt für die Entdeckungsfahrt ist, soll er erneut zu den auf der ersten Reise entdeckten Inseln fahren, um dort mithilfe von neuartigen Präzisionsgeräten, den Chronometern, ihre exakte Position im Hinblick auf den Längengrad zu bestimmen.

Im November 1772 verlassen sie die südafrikanische Stadt Kapstadt und gehen auf südlichen Kurs. 117 Tage werden die Männer kein Land sehen, nur Meer und Eis. Im Trinkwasserfass gefriert das Wasser. Orkanartige Stürme peitschen die See, gigantische Eisberge kommen in bedrohliche Nähe – jeder Tag ist ein Kampf gegen die Naturgewalten. Gefährlich nah kommt ihnen das treibende Eis.

Wieder gehören neben Künstlern und Astronomen zwei Naturforscher zur Besatzung des Forschungsschiffs. Es sind Vater und Sohn: der hochgebildete, rastlose, wissensdurstige Deutsche Johann Reinhold Forster spricht 17 Sprachen fließend. Er wird von seinem knapp 18-jährigen Sohn Georg begleitet. Der Vater hat den Sohn seit seinem achten Lebensjahr zu seinem wissenschaftlichen Gehilfen ausgebildet. Georg beherrscht selbst auch schon sechs Sprachen perfekt.

Sturmvögel, Albatrosse und Pinguine begleiten die Schiffe auf ihrer Fahrt. Walfische tauchen zwischen den Eisbergen auf. Heftige Stürme sind in diesen Breiten an der Tagesordnung. Ganz und gar menschenfeindlich erscheint den Matrosen diese Gegend. Ein einziges Nebelgrau. Sie freuen sich, dass wenigstens die Tiere da sind.

Die Naturforscher drängen darauf, die Meerestemperatur zu messen, die Meeresströmung zu erforschen, die Tiefe des Meeres auszuloten.

Als der Sturm sich endlich legt, steigt Georgs Vater Reinhold bei dichtem Nebel gemeinsam mit dem Astronom Wales ins Beiboot. Die beiden Forscher vertiefen sich in ihre Aufgabe, merken nicht, dass sie abgetrieben werden. Plötzlich stellen sie fest, dass sie die beiden Schiffe aus den Augen verloren haben.

Sie rufen nach den anderen, doch keine Antwort. Dann rudern sie ein Stück zurück – oder entfernen sie sich nur noch weiter von den Schiffen? Überall dicker Nebel – ihnen dämmert, dass es sehr gut sein kann, dass sie die Kameraden nie wiedersehen. Da ziehen sie die Riemen ins Boot, verhalten sich ruhig und warten ab. Totenstill ist es um sie her. Sie hoffen und bangen.

Die Lage der beiden Forscher ist verzweifelt: Sie sind von allen Seiten von Eis umgeben, fern einer bewohnten Küste, ohne Lebensmittel, ohne Schutz in einem offenen Ruderboot. Wenn nur kein Sturm aufkommt! Georg, der an Bord der *Resolution* geblieben ist, macht sich große Sorgen um seinen Vater. Unruhig läuft er über das Deck und ruft nach ihm, bis er heiser ist. Der Nebel steht wie eine Wand. Schließlich läutet der Junge die Schiffsglocke. Er spürt mit jedem Glockenschlag die Zeit verrinnen. Bald wird das Wetter wieder umschlagen und dann ist sein Vater verloren!

Aber weit in der Ferne hören die Forscher die Schiffsglocke. Wie Himmelsmusik klingt sie in ihren Ohren. So finden sie Ruderschlag für Ruderschlag – immer wieder müssen sie innehalten und

Georg Forster

Der am 17. November 1754 in der Nähe von Danzig geborene Georg Forster gilt durch seinen sachlichen, genau beschreibenden und gut lesbaren Reisebericht über seine Weltumsegelung mit Cook als Begründer der modernen Reiseliteratur. Forster macht sich als Schriftsteller, Naturforscher und Völkerkundler einen Namen und wird mit 22 Jahren in die Royal Society Londons aufgenommen. Mit 24 Jahren wird der sprachenkundige und auch zeichnerisch begabte junge Mann als Professor für Naturgeschichte nach Kassel berufen. Als 1789 in Frankreich die Revolution ausbricht, gründet er in der Folge 1793 mit revolutionär gesinnten Kameraden die Mainzer Republik, die aber nur wenige Monate existiert. Danach darf er wegen dieser Aktivitäten nicht mehr in Deutschland leben und stirbt 1794 mit 39 Jahren vereinsamt und verarmt in Paris.

Georg Forster besucht nie eine Schule, veröffentlicht aber schon mit 13 Jahren sein erstes Buch. Sein Vater unterrichtet ihn auf Forschungsreisen.

erneut auf den Klang der Glocke lauschen – zurück zu den anderen. Um Haaresbreite sind sie einem langsamen und qualvollen Tod entgangen.

Cook gibt die Sache zu denken. Was, wenn sich nun die beiden Schiffe im Nebel verlieren? Er vereinbart für diesen Fall mit dem Kapitän der *Adventure* einen Treffpunkt in Neuseeland.

Die Eisberge sind die größte Bedrohung. Manche von ihnen sind doppelt so hoch wie der Großmast. Nicht selten manövrieren sie zwischen einer Vielzahl riesiger Eisberge hindurch. Je weiter sie nach Süden vorstoßen, desto mehr Eisberge driften in der Nähe vorüber. Einmal zerbirst ein Eisberg mit markerschütterndem Krachen gerade in dem Moment, als sie an ihm vorüberfahren. Der Schreck fährt allen in die Glieder.

Als es auf Weihnachten zugeht, sucht Cook Schutz vor der steten Bedrohung. Die Männer wollen trinken, wollen ihr Heimweh und das Verlangen nach Wärme, nach einem geschmückten Tannenbaum, nach gutem Essen und Kerzenglanz mit Alkohol wegspülen. Am Weihnachtsabend ist die ganze Mannschaft betrunken. Cook steuert das Schiff auf sicheren Kurs und wartet darauf, dass die Männer ihren Rausch ausgeschlafen haben, bevor er im Eismeer nach dem verborgenen Kontinent weitersucht.

Im Zickzackkurs segelt Cook auf der Suche nach Land in östlicher Richtung den 60. Breitengrad ab. Im Februar 1773 befinden sie sich auf der Höhe der Kerguelen-Inseln, als sie im dichten Nebel den Sichtkontakt zur *Adventure* verlieren. Obwohl Cook beidreht und jede halbe Stunde einen Kanonenschuss abgibt, obwohl er drei Tage lang an der Stelle kreuzt, an der die Schiffe zuletzt Kontakt miteinander hatten, finden die beiden Schiffe nicht wieder zueinander. Die *Resolution* ist jetzt allein auf der Suche nach dem Land, an dessen Existenz Cook längst nicht mehr glaubt. Sollte dem Schiff etwas geschehen, gäbe es keine Rettung.

Besonders in den schwarzen Nächten trägt Cook schwer an der Last der Verantwortung für seine Männer. Er weiß, dass sie von Eisbergen umgeben sind. Dass sie, während er nachts daliegt und versucht, die Augen zu schließen, gefährlich nah vorbeidriften. Nichts kann er in der Nacht tun, um einen Zusammenstoß zu verhindern, gar nichts. Unruhig wälzt sich Cook in seiner Koje hin und her, sehnt das Morgengrauen herbei. Beim ersten Tageslicht begibt er sich an Deck. Der Schreck fährt ihm in die Glieder, wenn er in unmittelbarer Nähe einen Eisberg entdeckt und ihm klar wird, wie knapp sie auch in dieser Nacht wieder davongekommen sind. Was soll er tun? Weitersegeln? Zurückkehren?

75 Meilen vom antarktischen Kontinent entfernt entschließt sich Cook schließlich zum Rückzug. Er dreht das Schiff auf Nordkurs und segelt zurück. Dort gibt er noch immer nicht auf.

Nachdem seine erschöpften Männer auf den Sonneninseln der Südsee neue Kraft gesammelt haben, wendet Cook das Schiff im nächsten polaren Sommer erneut nach Süden, überquert schließlich den 71. Breitengrad. Es schneit so heftig, dass Cook die *Resolution* immer wieder in den Wind dreht, damit der Wind den Schnee aus den Segeln schüttelt. Schließlich steuert er in ein immenses Eisfeld hinein, zählt 97 größere und kleinere Eisberge. Dann stößt er auf Packeis. Erst da gibt er sich geschlagen. Erst als er keine Handbreit mehr vorwärtskommt und sich sicher ist, dass er so weit vorgedrungen ist, wie es einem Menschen nur möglich ist.

Würde doch ein Schiff, welches auf eines dieser Riesenstücke trifft, in einem winzigen Augenblick in tausend Stücke zerschmettert werden.
James Cook

Und das ersehnte Paradies? Der Südkontinent? Nichts als ein unaussprechlich furchtbares Land könne noch weiter im Süden liegen, notiert James Cook. Ein vor Kälte erstarrtes Land, begraben unter Schnee und Eis. Kein Paradies, eine Hölle.

Der Traum vom Südland ist ausgeträumt. Die Mission, für die englische Krone die *Terra australis incognita* zu entdecken, ist gescheitert. Das sagenhafte Südland existiert nicht, muss von den Karten ge-

Die Cook-Forster-Sammlung

Weltweit finden sich in Museen heute noch etwa 2000 Gegenstände, die Cook und seine wissenschaftlichen Begleiter, u.a. Georg und Johann Reinhold Forster, in der Südsee gesammelt haben. Die größte Sammlung – etwa 500 Kunst- und Kulturgegenstände – ist heute im Besitz der Universität Göttingen. Die Artefakte entstanden, bevor die Europäer Einfluss auf die Polynesier ausübten, als z.B. Arbeitsgeräte wie Beile mit Steinklingen nicht aus Eisen gefertigt wurden. Gegenstände der Sammlung sind u.a. zeremonielle Kleider und Götter- und Ahnenfiguren sowie Dinge des Alltags wie Kämme oder Gefäße. Teile der Sammlung wurden in Ausstellungen auf Hawaii oder in Australien gezeigt. Sie erzählen den Nachfahren der Menschen, denen Cook begegnete, etwas über die reiche Kultur ihrer Vorfahren.

In der Antarktis essen Cooks Männer Pinguine und Albatrosse, was schauderhaft schmeckt. Drei Männer drohen nach solch einer Mahlzeit, den Schiffskoch niederzustechen.

strichen werden. Das ist das eine Ergebnis von Cooks zweiter Reise. Dennoch hat Cook einen ungeheuren Erfolg zu verbuchen: Von den 112 Männern auf der *Resolution* stirbt in den drei Jahren und 18 Tagen, die die Reise dauert, kein einziger an Skorbut. Diese Krankheit ist dank Cook endgültig besiegt. Und das dritte für die Schifffahrt bahnbrechende Ergebnis ist, dass Cook während dieser zweiten Reise die Wirksamkeit der Chronometer erprobt hat, um den Längengrad exakt zu bestimmen. Bislang gingen unzählige Schiffe allein deshalb verloren, weil es nicht möglich war, ihre genaue Position festzustellen – es fehlten Instrumente, um die genaue geografische Länge zu messen. Viele neu entdeckte Inseln wurden nicht wiedergefunden, weil sich ihre Entdecker in der Bezeichnung des Längengrades um tausende Meilen verrechnet hatten. In Zukunft würden sich weit weniger Schiffe als bisher verirren, wenn der Kapitän ein Chronometer mitführte. So hat Cook zwar – abgesehen von einigen Inseln – kein neues Land entdeckt, aber mehr für die Seefahrt getan als alle Entdecker vor ihm.

8

Cooks Ende

>>> Zurück in England, wird Cook gefeiert und mit Ehrungen überhäuft. Er wird vom König empfangen und von der Royal Society, einer Vereinigung der besten Wissenschaftler Englands, ehrenvoll als Mitglied aufgenommen. Er soll für seinen erfolgreichen Kampf gegen den Skorbut die höchste Auszeichnung der Royal Society, die Copley-Medaille, verliehen bekommen. Die größte Lobrede auf Cook, da sind sich die Historiker einig, ist jedoch bis heute die präzise Seekarte des Pazifiks, die er zeichnete. Diese Leistung wird niemals überboten werden. Auf der ganzen Welt bewundert man den Mann und sein Werk.

Cook könnte sich jetzt zur Ruhe setzen, könnte endlich Zeit mit seiner Familie verbringen. Cook und seine Frau Elisabeth haben drei heranwachsende Kinder, drei Kinder sind gestorben, während der Vater auf See war. Immer musste die Mutter die Kinder allein zu Grabe tragen, immer war sie auf sich selbst gestellt. Das soll jetzt anders werden. Man gibt Cook einen ruhigen, aber sehr gut bezahlten Posten am Marinekrankenhaus in Greenwich. Doch Cook schnürt

? James Cook

Der Engländer James Cook, am **27. Oktober 1728** in Marton geboren, am **14. Februar 1779** auf Hawaii gestorben, gilt als einer der größten Entdecker aller Zeiten. Er unternimmt ab **1768** bis **1779** drei Forschungs- und Entdeckungsreisen in die Südsee, auf denen er verschiedene Küstenlinien, u.a. die Neuseelands und die der Ostküste Australiens, vermisst und kartografiert und mehrere Inseln entdeckt, darunter die Hawaii-Inseln. Der Nutzen, den seine präzisen Seekarten für die Schifffahrt brachte, war so hoch, dass Frankreich, Spanien und die Vereinigten Staaten vereinbarten, James Cook als Freund zu behandeln, sollten sie ihm auf dem Meer begegnen, obwohl sie gegen England Krieg führten. Für seine zahlreichen Verdienste, besonders für den erfolgreichen Kampf gegen den Skorbut, wurde er von der Royal Society ausgezeichnet und von König Georg III. in den Adelsstand erhoben.

Während der dritten Reise verliert Cook häufig seine Gelassenheit. Er wirkt ausgezehrt, hat oft Magenschmerzen und behandelt seine Leute mit übertriebener Strenge.

Nordwestpassage

Als Nordwestpassage wird der 5780 km lange Seeweg bezeichnet, der nördlich des amerikanischen Kontinents durch das Nordpolarmeer verläuft und den Atlantischen mit dem Pazifischen Ozean verbindet. Bereits im 15. Jahrhundert begann die schwierige Suche nach einem Weg durch das Eis des Polarmeeres. Erst Roald Amundsen gelang auf seiner Expedition von 1903 bis 1906 die erste komplette Durchfahrt. Zweimal musste er im Verlauf der Expedition überwintern. Die Ausdehnung der arktischen Eisfläche ist in den letzten Jahren aufgrund der globalen Erwärmung in beängstigendem Ausmaß zurückgegangen. Immer häufiger ist die Passage in unseren Tagen vollkommen eisfrei. Das ist von Vorteil für die Schifffahrt, aber ein riesiges Problem für die Natur in der Polarregion.

es die Kehle zu. Er fühlt sich wie ein Tier im Käfig. Die Enge des Marinekrankenhauses, eine Arbeit, die keine Herausforderungen bietet – er weiß, das wird er nicht ertragen können.

Da bekommt Cook Wind davon, dass die Admiralität ein Schiff aussenden möchte, um den Seeweg vom Atlantik über das Nordpolarmeer in den Pazifik zu finden, die sogenannte Nordwestpassage. Eine Route durch die Inselwelt im Norden Kanadas und Alaskas.

20 000 Pfund Prämie soll es für den Kapitän geben, der im Nordpolarmeer diese Durchfahrt entdeckt, die den Seeweg in den Pazifik stark verkürzen würde. Der Handel mit dem Nordpazifik würde Englands Wirtschaft – mit Tee aus Indien oder Porzellan aus China – auch „chinesisches Gold“ genannt – einen nie da gewesenen Aufschwung bescheren. Cook fängt Feuer, bietet sich der Admiralität als Kapitän an und wird mit Freuden akzeptiert. Cook ist wie von einer Last befreit. Erleichtert schreibt er an einen Freund: „Ich habe einen bequemen Ruhestand einer vielleicht gefährlichen Reise zuliebe aufgegeben.“

Nur der Monate wenige zuvor war die gesamte südliche Hemisphäre gerade noch groß genug für mich, und jetzt finde ich mich umschlossen in den Grenzen des Greenwich Hospitals, welches selbe bei weitem zu eng ist für einen Geist wie meinen.

James Cook

***Resolution* und *Discovery* vor Tahiti. Nach der zweiten Reise war die *Resolution* nur unzulänglich repariert worden. Sie zieht Wasser und ihr Mast bricht in einem Sturm.**

Denselben Augenblick, da ich den Strand betrat, fielen sie alle auf ihre Angesichter nieder und verweilten in jener unterwürfigen Haltung, bis ich Zeichen gab, sich zu erheben.

James Cook

Leben bedeutet für ihn nicht, nach Ruhe und Frieden, sondern nach neuen Entdeckungen und Erkenntnissen zu streben.

Wieder werden zwei Schiffe ausgerüstet: die bereits bewährte *Resolution* und die neu dazu erworbene *Discovery*. Kapitän auf der *Discovery* wird Charles Clerke, der Cook auch schon auf den ersten beiden Fahrten begleitet hat.

Auf dem Weg nach Nordamerika – Cook nimmt die vertraute Route über Kapstadt, Tasmanien und Neuseeland – entdecken sie am 18. Januar 1778 Hawaii. 137 Inseln gehören zu dieser Inselgruppe, doch nur die Hauptinseln sind bewohnt. Die Menschen sind überaus freundlich, begrüßen die Entdecker mit grünen Friedenszweigen und beschenken sie mit frischen Lebensmitteln. Die Matrosen schwärmen nach der Abreise drei Tage später noch wochenlang von den schönen Frauen der Insel. Und nachdem Cook im eisigen Norden zehn bitterkalte Monate lang in Sturm und Eis und ständiger Gefahr vergeblich nach der Nordwestpassage gesucht hat, beschließt er endlich, umzukehren und seinen Männern eine Erholungspause auf Hawaii zu gönnen.

Die Bewohner von Hawaii heißen Cook wie einen Gott willkommen. Die Engländer kommen zur Zeit des *Maka-Hiki*-Festes an, bei dem Gott Lono gehuldigt wird.

Als er am 17. Januar 1779 in der Bucht von Kealakekua vor Anker geht, wird dem Entdecker ein rauschender Empfang bereitet. Die Menschen haben sich festlich geschmückt. Die Frauen tragen Blumen im Haar. Wer einen Platz in einem Kanu ergattert, fährt den Engländern entgegen. Die Jüngeren schwimmen hinaus. Wie Fischschwärme umkreisen sie die beiden Schiffe.

Auch der Häuptling ist an den Strand gekommen. Der alte Mann, der immer wieder versucht, seine verzückten Landsleute zur

Ruhe zu bringen, ist eine ehrwürdige Erscheinung. Er trägt einen prachtvollen Umhang, in den Abertausende bunte Vogelfedern eingearbeitet sind. Die Engländer haben schon manchen freundlichen Empfang in der Südsee erlebt, aber sie ahnen, hier liegt ein Missverständnis vor. Dieser Empfang geht weit über das übliche Maß an Gastfreundschaft hinaus.

Ein *Kii* stellt eine Ahnenfigur dar. Die Ahnen wurden auf Hawaii wie Götter verehrt und bei allen großen Alltagsentscheidungen um Rat gefragt.

Die Hawaiianer halten Cook für den Gott Lono, den Gott des Ackerbaus und der Fruchtbarkeit, der auf der Suche nach einer Braut auf die Insel zurückgekommen ist. Sie überschütten den Entdecker mit großzügigen Geschenken. Ein Priester hüllt Cook feierlich in rotes Tuch, so wie es im Tempel die Götterstatuen schmückt.

Als Cook an den Strand geht, sinken die Menschen auf die Knie und drücken ihr Gesicht in den Sand.

Die Europäer hätten die Insel reich beschenkt und als Götter verehrt wieder verlassen können. Stattdessen kam es zur Katastrophe. Wenn sie mehr über die Gepflogenheiten und die Religion der Hawaiianer in Erfahrung gebracht hätten – wer weiß? Vielleicht wäre Cook dann sein grausiges Ende erspart geblieben.

Alles beginnt damit, dass auf den Schiffen Feuerholz gebraucht wird und die Matrosen in ihrer Unwissenheit zwei hölzerne Götterbilder und die Umzäunung eines Friedhofes zum Verheizen an Bord schleppen. Die Priester reagieren mit Entsetzen auf diesen Tabubruch. Dann stirbt ein Matrose und Cook lässt ihn ausgerechnet auf einem heiligen Platz, einem *Heinau*, einer Art Tempel, beerdigen.

Die Einwohner verstecken sich während der Beerdigungszeremonie in ihren Häusern. In ihnen keimt Groll auf. Können Götter überhaupt sterben? Sie fragen sich, ob sie es tatsächlich mit Göttern zu tun haben. Schon seit Wochen versorgen sie die Fremden mit Lebensmitteln, weit über 150 Männer. Die Hawaiianer wollen die gefräßigen Götter endlich wieder loswerden. Und zwar so schnell wie

Tabu

Strenge religiöse Vorschriften bestimmten das Zusammenleben der Menschen der Südseeinseln und tun dies zum Teil auch heute noch. Wenn etwas „tabu" ist, ist es streng verboten.
Durch James Cooks Beschreibung der verschiedenen Tabus der Polynesier kam das Wort nach Europa. Er berichtete zum Beispiel davon, dass es auf Tahiti ein Tabu war, das Männer und Frauen gemeinsam eine Mahlzeit zu sich nahmen.

möglich. Doch man beherrscht sich, bereitet den Engländern sogar noch einen schönen Abschied, als sie am 4. Februar 1779 endlich aus der Bucht absegeln.

Als die Schiffe drei Tage Richtung Norden gesteuert sind, geraten sie in einen schweren Sturm. Der Fockmast bricht. Eine Reparatur auf hoher See? Unmöglich. Also zurück in die geschützte Bucht von Kealakekua.

Dort ist die Stimmung inzwischen umgeschlagen. Kaum einer kommt zur Begrüßung. Der Häuptling will unwillig wissen, was sie denn jetzt schon wieder wollen. Anstatt den Engländern Geschenke zu machen, kommt es immer wieder zu Diebstählen. Auch eines der Beiboote der *Discovery* wird gestohlen. Das kann sich Cook nicht bieten lassen.

Der Kapitän geht mit zehn bewaffneten Marinesoldaten an Land, um einen der Häuptlinge als Geisel zu nehmen, am besten den König selbst. Und zwar so lange, bis das Boot wieder da ist. Die Methode ist erprobt. Sie führt meist schnell zum Erfolg. Cook macht sich mit den Soldaten auf die Suche.

Der aus dem Schlaf gerissene König willigt ein, mit auf die *Discovery* zu kommen. Alles scheint nach Plan zu gehen. Aber dann tritt die Frau des Königs dazwischen. Sie redet temperamentvoll auf ihren Mann ein, versucht ihn zu überzeugen, nicht an Bord zu gehen, fängt schließlich verzweifelt an zu weinen. Aufregung bei der Königsfamilie!? Was ist da los? Wie ein Lauffeuer spricht sich herum, dass der König in Bedrängnis ist.

Cook ruft seinen Männern zu, das Feuer einzustellen. Er möchte um keinen Preis weiteres Blut vergießen. Damit besiegelt er sein Schicksal.

Kapitän Charles Clerke zieht sich eine schwere Lungenkrankheit zu, als er für seinen Bruder ins Gefängnis geht, weil er für dessen Schulden gebürgt hatte.

Charles Clerke

Charles Clerke (1741–1779) wird nur 38 Jahre alt, umsegelt aber in seinem Leben fast viermal die ganze Welt. Mit 13 Jahren tritt der Sohn eines Richters aus der Grafschaft Essex in die Royal Navy ein. Nach seinem Einsatz im Siebenjährigen Krieg fährt er unter dem Kommando von Lord Byron in die Südsee. Danach dient er Cook auf seinen drei Pazifikreisen. Obwohl er bereits schwer krank ist, übernimmt er nach Cooks grausigem Ende das Kommando der Expedition und sucht vergeblich nach der Nordwestpassage. Schließlich stirbt er bei Kamtschatka an der Tuberkulose. Er zog sich die schwere Lungenkrankheit zu, als er unmittelbar vor der dritten Pazifikreise für seinen betrügerischen Bruder eine Gefängnisstrafe im Schuldturm absaß, um die Familienehre zu retten.

Jetzt kommt die ganze Insel in Bewegung, Tausende Menschen laufen zum Strand, drängen sich um Cook und seine Soldaten, versuchen den König zu befreien. Plötzlich haben sie Steine oder Speere in der Hand. Gefahr liegt in der Luft. Cook wird klar: Er hat die Treue der Hawaiianer zu ihrem König unterschätzt. Einer der Getreuen des Königs rennt auf den Kapitän zu. In der einen Hand hält er einen eisernen Dolch, in der anderen einen Stein. Er holt aus, um ihn gegen Cook schleudern

Cook feuert aus seiner doppelläufigen Flinte eine Ladung Schrot auf den Angreifer ab. Die Menge wird unruhig, manche werfen Steine auf die Soldaten. Nicht auf Cook. Noch nicht. Vielleicht ist er ja doch Gott Lono?

Als Cooks Männer in Bedrängnis geraten, will er sie verteidigen. Cooks zweiter Schuss tötet einen der Hawaiianer. Und als sei dieser Schuss das Signal, auf das die Menge gewartet hat, hageln jetzt Steine und Speere unter furchtbarem Gebrüll auf die Seeleute nieder. Doch immer noch nicht auf Cook.

Vier Seeleute verlieren ihr Leben. Drei weitere werden schwer verletzt. Zehn Meter vom Ufer entfernt, feuern die Wachen des Beiboots blind in die Menschenmenge, die Cook umzingelt hält. Cook ruft den Männern zu, das Feuer augenblicklich einzustellen. Es ist genug Blut geflossen.

Und genau diese letzte Anweisung wird zu Cooks Todesurteil. Denn um mit den Soldaten zu sprechen, wendet er der Menge den Rücken zu. Und in der Sekunde, in der er sein Gesicht abwendet, da stürzen sich die Hawaiianer mit einem wilden Aufschrei auf ihn. Rasend vor Wut schlagen sie mit Stöcken und Steinen auf Cook ein,

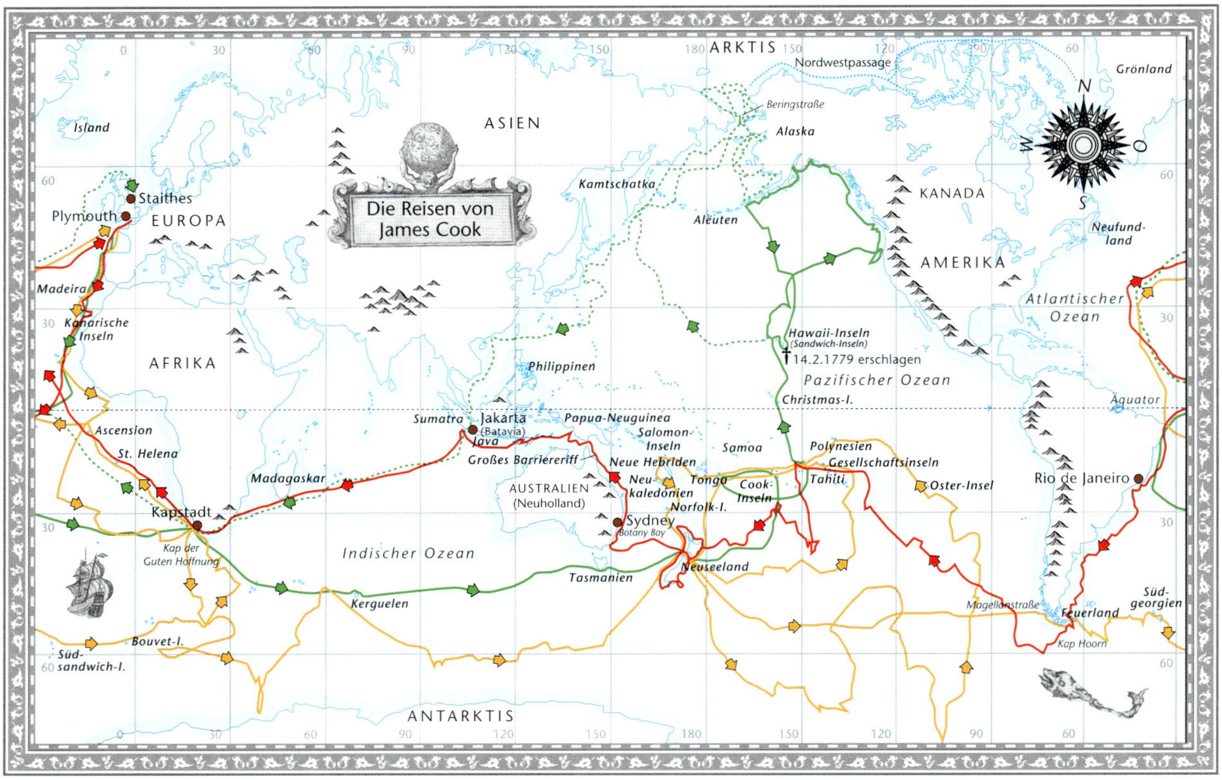

Erste Reise *Endeavour* (1768–1771)

Zweite Reise *Resolution* (1772–1775)

Dritte Reise *Resolution* (1776–1780)

Fortsetzung der dritten Reise nach Cooks Tod unter dem Kommando von Charles Clerke und John Gore

Die Routen von Cooks drei Reisen. Er ist insgesamt zehn Jahre auf See und umrundet dabei dreimal die Erde.

bis er in die Knie sinkt. Dann ziehen sie ihn den Strand hinauf. Einer sticht mit einem Messer zu, ein anderer zieht die Waffe heraus und sticht erneut zu, ein Dritter tut es ihm nach. Da gibt es auch für die anderen kein Halten mehr.

Als die Nachricht von Cooks grausigem Ende England erreicht, sind die Menschen tief betroffen. Selbst der König weint um den aufrechten Mann.

Charles Clerke versucht, Cooks Lebenswerk zu vollenden. Er beschließt, im hohen Norden erneut nach einer schiffbaren Route vom Pazifik in den Atlantik zu suchen. Doch Clerke leidet an Schwindsucht, er ist sterbenskrank. Trotzdem will er die Entdeckungsfahrt fortsetzen. Das ist er seinem toten Kapitän schuldig. „Was immer getan werden kann, werden wir tun!“, schreibt er. Er lenkt die Schiffe von Hawaii aus wieder nordwärts, um die Nordwestpassage zu finden. Und wie Cook gibt auch er erst auf, als das Packeis ihm jede Weiterfahrt verwehrt. Danach sind seine Lebenskräfte verbraucht. Er legt sich zum Sterben in die Kajüte und wird von seinen Matrosen auf Kamtschatka, der russischen Halbinsel im östlichen Teil Sibiriens, beerdigt. Die Offiziere John Gore und James King bringen die Schiffe schließlich zurück nach England.

James Cook gilt heute als einer der größten Entdecker aller Zeiten. Aber was genau entdeckte dieser sachliche, bescheidene Mann? Um es auf den Punkt zu bringen: Er entdeckte, was alles nicht existiert. Als er aufbrach, waren die Karten der Erde ungenau, versehen mit einem erträumten Königreich – der Fantasie der Kartenzeichner entsprungen. Cook sah als Erster genau hin und hinterließ uns ein Weltbild, in dem verwunschene Länder keinen Raum mehr haben.

Er war nicht, wie frühere Entdecker, von der Gier nach Reichtum getrieben. Es ging ihm nicht darum, die Völker, denen er auf seinen Fahrten begegnete, auszubeuten und zu versklaven. Es ging ihm in erster Linie darum, Erkenntnisse über unsere Welt zu sammeln.

Das Wichtigste auf all seinen Entdeckungsfahrten war für Kapitän James Cook jedoch, dass er es schaffte, seine Männer wohlbehalten zurück in ihre Heimat zu bringen. Der Sieg über den Skorbut – das war für ihn sein größter Verdienst. Zehntausende Seeleute, daran besteht kein Zweifel, verdanken ihm sein Leben.

Eine so vielköpfige Schiffsmannschaft gesund zu erhalten – zumal unter derart schwierigen Bedingungen und über so einen langen Zeitraum – wird auch dann noch bemerkenswert sein, wenn die Auseinandersetzungen um den Südkontinent längst das Interesse der Öffentlichkeit verloren haben werden.

James Cook

Unweit dieser Stelle verliert Cook am 14. Februar 1779 sein Leben. Die Plakette, die in diesen Felsen eingelassen ist, erinnert daran.

Chronik

Um 150 n. Chr. Lehre des Ptolemäus von der Kugelgestalt der Erde und der Existenz der *Terra australis incognita*
27. Oktober 1728 James Cook wird in Marton-in-Cleveland, einem Dorf im Nordosten Englands, geboren.
1736 Die Familie Cook zieht nach Ayton. James kommt in die Schule.
1745 James wird Lehrling bei einem Gemischtwarenhändler in Staithes.
1746 James Cook wird als Lehrling auf einem Kohlefrachter in das Haus des Reeders John Walker in Whitby aufgenommen. An Bord der *Freelove* fährt er erstmals zur See.
1750 Nach Abschluss seiner Lehrzeit wird James Vollmatrose auf dem Kohlefrachter *Mary* und besegelt die Nordsee.
1752 Beginn von Cooks Offizierslaufbahn auf der *Friendship*
17. Juni 1755 Cook geht zur britischen Marine und heuert auf der *Eagle* an – jetzt wieder als einfacher Vollmatrose. Nun segelt er auch auf dem Atlantik.
1757 Cook besteht die Prüfung zum Steuermann und darf fortan eigenverantwortlich Schiffe führen. Während des Siebenjährigen Kriegs segelt er zum ersten Mal über den Atlantik nach Kanada.
Mai 1758 Ankunft in Halifax, Kanada. Der königliche Landvermesser Samuel Holland bringt Cook das Kartografieren bei. Bei der Vermessung des Sankt-Lorenz-Stroms und Teilen der Ostküste Kanadas beweist Cook sein außerordentliches kartografisches Talent.
Juli 1758 Cook nimmt Teil an der Blockade von Louisbourg. Es gelingt den Engländern, die französische Seefestung einzunehmen.
September 1759 Dank Cooks präzisen Karten des Sankt-Lorenz-Stroms erringen britische Truppen bei Quebec den entscheidenden Sieg über die Franzosen.
1759 John Harrison konstruiert den ersten seegängigen Chronometer. Mithilfe dieses Zeitmessers ist es möglich, präzise Karten anzufertigen.
1761 Cook verbringt das Jahr damit, Karten der Stadt Halifax zu zeichnen.
1762 Cook vermisst die Küstenregion im Südosten von Neufundland.
Oktober 1762 Cook kehrt nach England zurück und heiratet Elisabeth Batts.
1763 Erneute Neufundlandreise: Cook vermisst den Küstenverlauf im Norden Neufundlands und von Labrador.
1764 Bei einem Unfall wird Cooks rechte Hand verkrüppelt.
1765 Cook fertigt Karten vom Küstenverlauf im Süden Neufundlands an.
1765–66 Cook veröffentlicht eine wissenschaftliche Arbeit über die Beobachtung einer Sonnenfinsternis.
1766–1767 Cook kartografiert die Westküste Neufundlands und kehrt anschließend nach England zurück.
1768 Cook erfährt, dass er eine Expedition in den Pazifik leiten soll. Auf der Insel Tahiti soll er beobachten, wie die Venus zwischen Erde und Sonne hindurchzieht.
26. August 1768 James Cook sticht von Plymouth aus mit der *Endeavour* zu seiner ersten Weltreise in See.
September 1768 Die *Endeavour* stockt auf Madeira ihre Vorräte auf.
November 1768 Ankunft der *Endeavour* in Rio de Janeiro
11. April 1769 Nach der Umrundung von Kap Hoorn erreicht die *Endeavour* Tahiti.
3. Juni 1769 Cook beobachtet auf Tahiti die Venuspassage. Danach erhält er den königlichen Befehl, den „unbekannten Südkontinent" zu suchen.
Juli bis Oktober 1769 Cook beginnt die Suche nach der *Terra australis incognita* und umsegelt die Gesellschaftsinseln.
7. Oktober 1769 Cook sichtet Neuseeland, das er in den folgenden Monaten umsegelt und kartiert.
29. April 1770 Die Besatzung der *Endeavour* betritt zum ersten Mal australischen Boden. Cook vermisst die bis dahin unbekannte australische Ostküste.
10. Juni 1770 Die *Endeavour* läuft auf das Große Barriereriff auf. Bis August wird das Schiff in einer Bucht nahe dem heutigen Cooktown repariert.
September 1770 Cook beweist die Existenz eines Seewegs zwischen Australien und Neuguinea.
10. Oktober 1770 Ankunft in Batavia, wo das Schiff gründlich überholt wird. Viele Männer infizieren sich mit Typhus, Ruhr oder Malaria und sterben.
Mitte März 1771 Die *Endeavour* erreicht Kapstadt, wird erneut ausgebessert und tritt die Heimreise an.
13. Juli 1771 Ankunft in England, Ende der ersten Weltreise
14. August 1771 Cook wird zum Fregattenkapitän ernannt. Joseph Banks erregt mit seiner Sammlung von Pflanzen und Gesteinsproben Aufsehen.
13. Juli 1772 Mit den umgebauten Kohlefrachtern *Resolution* und *Adventure* bricht Cook zu seiner zweiten Reise in den Pazifik auf, um den Südkontinent zu suchen. Mit an Bord ist der junge Zeichner Georg Forster.
Juli bis Oktober 1772 Die Expedition segelt über Madeira nach Südafrika.
November 1772 Die beiden Schiffe verlassen Kapstadt und segeln südwärts.
17. Januar 1773 Unter Leitung von Cook überqueren die Schiffe als Erste nachweislich den südlichen Polarkreis.
9. Februar 1773 Im dichten Nebel verlieren sich die beiden Schiffe in der Nähe der Kerguelen aus den Augen.
Mitte Mai 1773 Die beiden Schiffe treffen sich in Neuseeland wieder und brechen gemeinsam auf, um den zentralen Pazifik zu erkunden.
17. August 1773 Ankunft der Expedition auf Tahiti
Oktober 1773 Erkundung der Freundschaftsinseln, heute zu Tonga gehörend
November 1773 Wieder verlieren sich die Schiffe, treffen sich aber auch auf Neuseeland nicht wieder. Die *Resolution* unter Leitung von James Cook unternimmt einen neuen Versuch, das unbekannte Südland zu finden, und segelt südwärts.
17. Dezember 1773 Die Besatzung der *Adventure* beschließt, allein nach England zurückzukehren.
30. Januar 1774 Die *Resolution* erreicht die Packeisgrenze. Die Nichtexistenz von *Terra australis incognita* ist damit bewiesen. Sie macht sich auf den Heimweg.
11. März 1774 Ankunft der *Resolution* auf der Oster-Insel, danach Aufbruch zu den Marquesas-Inseln
April 1774 Aufenthalt der Mannschaft der *Resolution* auf Tuamotu und Tahiti
Juli 1774 Die *Adventure* kommt in England an und beendet ihre Weltreise. Währenddessen erreicht die *Resolution* die Neuen Hebriden (heute: Vanuatu).
September 1774 Die *Resolution* nimmt über Neukaledonien Kurs auf die Norfolk-Inseln.
November 1774 Die *Resolution* verlässt Neuseeland Richtung Heimat.
Dezember 1774 Die *Resolution* segelt

von Feuerland Richtung Kapstadt, Südafrika. Dabei passiert sie Südgeorgien, die Südsandwich-Inseln und die Bouvet-Insel.

Mai 1775 Auf der Heimreise über den Atlantik Stopp auf Sankt Helena

30. Juli 1775 Die *Resolution* erreicht England. Ende der zweiten Weltreise

1776 Cook erhält die goldene Copley-Medaille für seine Verdienste im Kampf gegen den Skorbut. Er wird befördert und Mitglied der Royal Society.

12. Juli 1776 Cook bricht zu seiner dritten großen Reise in den Nordpazifik auf. Die Expedition soll die Nordwestpassage finden, eine nördliche Schiffsroute von Großbritannien nach Ostindien.

November 1776 Die *Resolution* segelt über die Kanarischen Inseln nach Kapstadt, wo sich die *Discovery* unter Charles Clerke der Expedition anschließt.

25. Dezember 1776 Ankunft auf den Kerguelen

Januar bis März 1777 Die Expedition segelt von Tasmanien über Neuseeland zu den Cook-Inseln.

März 1777 Georg Forster veröffentlicht sein Werk *Reise um die Welt*.

Juli 1777 Aufenthalt in Tonga

August 1777 Die Schiffe erreichen Tahiti, die Besatzung bleibt bis zum Jahresende dort.

10./18. Januar 1778 Die Expedition entdeckt Hawaii und fährt von dort aus weiter Richtung Norden.

Februar 1778 Cook und seine Mannschaft queren den Pazifik und steuern Nordamerika an.

März bis August 1778 Die Forscher an Bord erstellen eine Karte der nordamerikanischen Küste von Oregon bis jenseits der Beringstraße. Auf der Suche nach der Nordwestpassage segeln die Schiffe nordwärts.

Ende August 1778 An der Packeisgrenze ist die Besatzung gezwungen, umzukehren. Cook befiehlt, westwärts an der russischen Küste entlangzusegeln, dann nehmen sie wegen des Wintereinbruchs wieder Kurs auf Hawaii.

17. Januar 1779 Die Männer landen in der Kealakekua-Bucht auf Hawaii und beziehen dort Winterquartier.

4. Februar 1779 Die Schiffe stechen wieder in See. Als ein Mast bricht, ist die Expedition gezwungen, umzukehren. Erneut landet die Mannschaft auf Hawaii.

14. Februar 1779 In einem Streit mit Einheimischen in der Kealakekua-Bucht erschießt James Cook drei Hawaiianer und wird daraufhin erschlagen.

April 1779 Die Besatzung nimmt unter dem Kommando von Charles Clerke die Suche nach der Nordwestpassage wieder auf und segelt nordwärts.

Mai 1779 Aufenthalt in Kamtschatka

22. August 1779 Tod von Charles Clerke

August bis Oktober 1779 Die Expedition bereist die Arktis und segelt gen China.

Dezember 1779 Ankunft in Macao, China. Von dort aus segeln die Schiffe heimwärts über den Indischen Ozean.

4. Oktober 1780 Die *Resolution* und die *Discovery* kehren nach England zurück. Ende der dritten Weltreise

16. Januar 1788 Die erste Flotte mit Sträflingen erreicht Australien und errichtet eine britische Kolonie.

1799 Die Universität Göttingen erwirbt eine ethnografische Sammlung aus dem Pazifik aus Johann Forsters Besitz.

1987 Das Australian National Maritime Museum beschließt, die historische *Endeavour* nachzubauen.

1988 Die *Endeavour* wird in einer eigens dafür angelegten Werft nachgebaut.

9. Dezember 1993 Der Nachbau der *Endeavour* wird zu Wasser gelassen und in Sydney als Museumsschiff ausgestellt.

Oktober 1996 Die *Endeavour* sticht in Sydney zu ihrer ersten Weltreise in See und segelt über London nach Nordamerika und von dort über den Pazifik nach Hawaii und Neuseeland.

3. Juni 2000 Der Nachbau kehrt in seinen Heimathafen Sydney zurück.

Museen

Australian National Maritime Museum
2 Murray Street
Darling Harbour
Sydney NSW 2009, Australien
Im Besitz des Museums befindet sich der originalgetreue Nachbau der *Endeavour*.

Cook-Forster-Sammlung
Universität Göttingen
Institut für Ethnologie
Theaterplatz 15
37073 Göttingen
Das Museum zeigt etwa 500 Gegenstände aus der Südsee, u.a. 150 Stücke, die Johann Forster und sein Sohn Georg von ihren Reisen mit Kapitän Cook mitgebracht haben.

Historisches Museum Bern
Helvetiaplatz 5
3005 Bern, Schweiz
Die Sammlung zeigt viele Exponate aus Ozeanien, u.a. einen Federmantel aus Hawaii, den Cook auf seiner dritten Expedition in die Südsee erworben hat.

Museum für Völkerkunde Wien
Burgring 5
1010 Wien, Österreich
Das Museum zeigt Sammlungen, die James Cook auf seinen Weltreisen in Ozeanien und Nordamerika erwarb.

Buchtipps

Tony Horwitz: *Cook. Die Entdeckung eines Entdeckers,* Piper, München 2008

Christine Schulz-Reiss: *Abenteurer und Entdecker,* Loewe, Bindlach 2005

Jürgen Seidel: *Young Nick und die Verschwörung auf der Endeavour,* Beltz & Gelberg, Weinheim 2008

Entdecker, Erfinder und Abenteurer. *444 Fragen und Antworten zu Menschen, die die Welt veränderten,* Bertelsmann Lexikon Inst., Gütersloh 2008

Filmtipps

Wind und Sterne: Die Reisen des Captain James Cook
DVD 2009
Ab 12 Jahren
Fernsehfilm von 1987 über die Reisen des James Cook in vier Teilen

James Cook: Seefahrer und Entdecker
DVD 2006
Ab 12 Jahren
Film über James Cook in zwei Teilen

Web-Tipps

www.captcook-ne.co.uk
(engl.) Die Webseite der British Library liefert umfassende und spannende Informationen rund um Cooks Reisen. Mit vielen Abbildungen

www.anmm.gov.au
(engl.) Die Webseite des Australian National Maritime Museum in Sydney

Register

Seitenverweise auf Bildlegenden sind *kursiv* gesetzt.

Bildnachweis

akg-images Berlin: S. 10or, 34mr; Alexander Turnbull Library, Wellington, New Zealand: S. 25o (Ref. Nr. MS-Papers-0200-24-1), 27 (Ref. Nr. C-020-011), 31or (Ref. Nr. C-029-001), 50-51o (Ref. Nr. C-051-016); Associated Press/David Guttenfelder: S. 2; Australian National Maritime Museum collection. Reproduced courtesy of the museum: Umschlag vorn o, Umschlag hinten or, S. 6mr, 40ul&mr, 41, 42ol&mr, 43, 45ol∨ Bridgeman Art Library/Mitchell Library, State Library of New South Wales: S. 24/National Library of Australia, Canberra, Australia: S. 17/Private Collection: S. 23o/Worshipful Company of Clockmakers & apos Collection: S. 47ml; Mark Coote: S. 57; CORBIS/Eye Ubiquitous/Matthew McKee: S. 44; everystockphoto/PhillipC: S. 26; Daniela Filthaut: S. 4-5; Getty Images: S. 36-37u/National Geographic/Steven L. Raymer: S. 59; INTERFOTO/Mary Evans Picture Library: S. 35ul; Library of Congress, Washington D. C.: S. 15o; picture-alliance/dpa: S. 15ml, 29/Chad Ehlers: Umschlag hinten l, S. 6-7 (Hintergrund); PIXELIO/BirgitH: S. 21o

Quellennachweis